Rosemarie Portmann (Hrsg.)

Mut tut gut

Rosemarie Portmann arbeitet seit vielen Jahren
als Schulpsychologin in Wiesbaden.
Nebenbei schreibt sie für Lehrkräfte, Eltern
und – nun auch – für Kinder.

Dagmar Geisler, geb. 1958, arbeitet seit ihrem Grafik-Design-Studium
für verschiedene Verlage und Zeitschriften,
Schwerpunkt: Kinderbuchillustrationen und Karikatur.

MUT TUT GUT!

Geschichten, Lieder und Gedichte
vom Muthaben und Mutmachen

Herausgegeben von
Rosemarie Portmann

Mit vielen farbigen Bildern
von Dagmar Geisler

Arena

Inhalt

3 Wer ist hier mutig?

4 Kinder haben Rechte

5 Mut macht stark

Vorwort

Das Vorwort für ein Mut-Mach-Buch schreibt man nicht alle Tage. Ob ich denn so mutig sein kann, fragte ich mich zunächst. Dann erinnerte ich mich an die vielen tollen und originellen Beiträge, die ich als Jury-Mitglied anläßlich der Mut-Mach-Aktion beurteilen durfte. Über 6000 Kinder im Alter von 6 - 12 Jahren beteiligten sich mit insgesamt 223 Projekten an der Aktion, die die Kinderzeitschrift Mücke initiierte und zu dem u.a. *Dinos Kinderradio* (Hessischer Rundfunk), die Kindernachrichtenredaktion *logo* des ZDF, der Deutsche Kinderschutzbund, der Arbeitskreis Grundschule e.V. und das Frankfurter Kinderbüro aufriefen. Kinder engagierten sich für Freundschaft mit Ausländern, für den Schutz von Umwelt und Natur und andere Kinderrechte.

Wirklich: Mut hat sie gemacht, diese Aktion. Und Mut wird sie weiter machen. Denn die große Resonanz hat uns darin bestärkt, die Aktion fortzusetzen.

Einige der schönsten Mut-Mach-Texte, die Kinder für die Aktion verfaßt haben, finden sich in der vorliegenden Anthologie »Mut tut gut« wieder. Darüber hinaus haben zahlreiche bekannte KinderbuchautorInnen Geschichten, Lieder und Gedichte vom Mut-Haben und Mut-Machen beigesteuert.

Ich hoffe, daß sie viele Kinder anregen, ihre Angst vor der Zukunft produktiv zu bewältigen.

Erwachsene erhalten zudem vielfältige Anregungen, mit Kindern über die Themen Angst und Mut zu sprechen. Denn Kinder, die über ihre Gefühle und Probleme sprechen, lernen auch zu widersprechen. Sie besitzen eigene Meinungen, die sie vertreten sollten. Und sie besitzen Rechte, die sie gegenüber den Erwachsenen einfordern sollen. Wenn dies immer häufiger in einem wie bei der Mut-Mach-Aktion gezeigten Maße geschieht, dann stimmt dies mehr als hoffnungsvoll.

Mut-Machen! Mit-Machen!

Heinz Hilgers
Präsident des Deutschen Kinderschutzbundes

1

ANGST HAT JEDER

Wie ihr die ganz alltägliche Angst vor Alleinsein und Dunkelheit, vor Geheimnisvollem und Unbekanntem mutig überlisten könnt

Wenn ich Angst habe

ROSWITHA FRÖHLICH

Wenn ich Angst habe,
vorm Zahnarzt zum Beispiel,
stelle ich mir schnell
etwas viel Schlimmeres vor.
Irgend etwas,
was ich noch gräßlicher finde,
als zum Zahnarzt zu gehen.
Oder ich rede mir einfach ein,
daß es ja auch sechs Zähne sein könnten,
die behandelt werden müßten.
Oder der Zahnarzt müßte mir die Zähne
herausreißen
und nicht nur so 'n bißchen
in einem einzigen Loch
herumbohren.

Angst geh weg!

KNISTER

Ich kenne einen tollen Spruch.
Den sag ich immer dann,
wenn ich mal richtig ängstlich bin.
Hör dir den Spruch mal an:

**GRUSEL,
GRUSEL,
FURCHT
UND SCHRECK,
ANGST
VERSCHWINDE,
ANGST GEH
WEG**

Was uns Angst macht

MAX BOLLIGER

Wenn es auf dem Boden knistert und knarrt,
wenn etwas leise hinter der Holzbeige scharrt,
wenn der Himmel schwarz und dunkel ist,
wenn es donnert und blitzt,
wenn ein Stier uns entgegenrennt,
wenn es hagelt und brennt,
wenn der Sturm an den Läden rüttelt
und die Kronen der Bäume schüttelt.

Wenn wir durch einen Wald spazieren
und plötzlich die Richtung verlieren,
wenn hinter den Büschen Gespenster lauern
und hinter den Steinen Gestalten kauern,
wenn sich Riesen im Traum verstecken
und uns mitten in der Nacht wecken,
wenn uns die Mutter in den Keller schickt,
wenn vor uns ein Mäuslein erschrickt.

Was uns die Angst nimmt

MAX BOLLIGER

Vater und Mutter und vertraute Gesichter,
im Dorf und in der Stadt die Lichter.
Die Sonne, die uns am Morgen weckt,
das Kätzchen, das sich in unserm Arm versteckt.
Im Bett Teddybären und Puppen,
Sterne, die durchs Fenster gucken.
Bruder, Schwester, Neffen und Nichten
und in der Schule die schönen Geschichten.
Alles, was jeden Tag mit uns lebt,
und am Abend das Gutenachtgebet.

Der Nachtvogel

URSULA WÖLFEL

Ein Junge hatte immer große Angst, wenn er nachts allein in der Wohnung sein mußte. Seine Eltern gingen oft am Abend fort.

Dann konnte der Junge vor Angst nicht einschlafen. Er hörte etwas rauschen, und das war, als ob jemand im Zimmer atmete. Er hörte ein Rascheln und ein Knacken, und das war, als ob sich etwas unter seinem Bett bewegte.

Aber viel schlimmer war der Nachtvogel.

Der Junge sah ihn immer ganz still draußen auf der Fensterbank sitzen, und wenn unten ein Auto vorüberfuhr, schlug der Vogel mit den Flügeln, und der Junge sah den riesigen Schatten von den Flügeln an der Zimmerdecke.

Der Junge erzählte seinen Eltern von der Angst. Aber sie sagten nur: »Stell dich doch nicht an! Du bildest dir das alles nur ein.« Und sie gingen immer wieder am Abend fort, weil sie den Vogel nicht sehen konnten, weil sie das alles nicht glaubten.

Einmal war der Junge wieder allein, und es schellte an der Wohnungstür.

Der Junge wurde steif vor Angst.

Wieder schellte es.

Es schellte und schellte.

Dann war es still, lange Zeit war es ganz still.

Dann kratzte etwas an der Hauswand. Das war der Vogel! Jetzt kletterte er mit seinen Krallen an der Mauer hoch. Jetzt war er an der Fensterbank. Und jetzt schlug er mit seinem Schnabel an die Scheibe! Einmal, zweimal, immer wieder, immer lauter, und gleich würde das Glas zerbrechen, gleich würde der Vogel ins Zimmer springen!

Der Junge packte die Blumenvase vom Tisch neben dem Bett. Er schleuderte sie zum Fenster.

Das Glas zersplitterte. Wind fuhr ins Zimmer, daß der Vorhang hoch an die Wand schlug, und der Vogel war fort.

Auf der Straße unten hörte der Junge seine Eltern rufen.

Er rannte auf den Flur, er fand im Dunkeln sofort den Lichtschalter und den Knopf vom Türöffner. Er riß die Wohnungstür auf und lief den Eltern entgegen.

Er lachte, so froh war er, daß sie da waren. Aber sie schimpften. Ihre schönen Ausgehkleider waren naß vom Blumenwasser.

»Was soll denn das wieder heißen?« fragte der Vater. »Jetzt ist die Scheibe kaputt!«

»Und mein Mantel! Sieh dir das an!« rief die Mutter.

»Der Nachtvogel war am Fenster«, sagte der Junge. »Der Nachtvogel hat mit seinem Schnabel ans Fenster gepickt.«

»Unsinn!« sagte der Vater. »Wir hatten den Schlüssel vergessen, und du hast das Schellen nicht gehört. Darum haben wir mit einer Stange vom Bauplatz an dein Fenster geklopft.«

»Es war der Nachtvogel, wirklich!« sagte der Junge. »Der Nachtvogel war es!«

Aber seine Eltern verstanden das nicht. Sie gingen immer wieder am Abend fort und ließen den Jungen allein.

Er hatte immer noch Angst, er hörte immer noch das Rauschen und Rascheln und Knacken. Aber das war nicht so schlimm.

Denn der Nachtvogel kam nie mehr wieder, den hatte er vertrieben. Er selbst hatte ihn vertrieben, er ganz allein.

Der Löwe, der Mäuschen hieß

GINA RUCK-PAUQUÈT

Wenn ein Dompteur einen neuen Löwen braucht, kauft er ihn normalerweise beim Tierhändler. Er schaut sich das Jungtier an, von vorne und von hinten, und tastet ihn ab, ob alle Muskeln und Knochen in Ordnung sind. Dann nimmt er ihn, oder er nimmt ihn nicht. Was Beato Rondelli widerfuhr, war ungewöhnlich. Eines Tages nämlich kam ein Mann zu ihm. Wenn man davon absieht, daß der Mann ein Löwenbaby auf dem Arm hielt, war nichts Besonderes an ihm festzustellen. Er trug einen grauen Anzug, einen grauen Hut und war, wie er sagte, Postinspektor.

»Schauen Sie sich diesen Löwen an«, sagte der Mann. »Ich will ihn Ihnen verkaufen.«

Beato Rondelli brauchte keinen Löwen. Er hatte zwei Panther und einen Tiger. Das genügte. Er wollte schon den Kopf schütteln, als sein Blick dem des Tieres begegnete.

Irgend etwas passierte in dem Moment. Später wußte Rondelli, daß es der Anfang einer Liebe gewesen war. Er kaufte den Löwen.

»Er ist noch ein bißchen ängstlich«, sagte der Mann, als er das Geld einsteckte. »Übrigens heißt er Mäuschen.«

Beato Rondelli nahm den Löwen mit in seinen Wohnwagen. Er aß mit ihm, und er spielte mit ihm. Der Löwe, der Mäuschen hieß, wurde mit jedem Tag ein bißchen größer. Doch je größer er wurde, um so ängstlicher schien er zu sein. Das war merkwürdig – weil ihm keiner etwas tat.

Es muß an diesem blödsinnigen Namen liegen, dachte Rondelli.

Immer wenn ein Auto vorbeifuhr, fing der Löwe an zu zittern, daß der Wohnwagen wackelte. Schließlich stopfte Beato Rondelli ihm Watte in die Ohren. Nachts schliefen sie eng aneinandergekuschelt. Gab es ein Gewitter, so hielt der Mann den Löwen in seinen Armen und sprach ihm Trost zu.

Als Mäuschen das entsprechende Alter hatte, fing Rondelli an, mit ihm zu proben. Der Löwe begriff schnell. Aber weil er sich vor allem und jedem fürchtete, drängte er immer nur zwischen die Füße des Artisten und versteckte den mächtigen Kopf unter dessen Pullover.

Einmal wagte Rondelli es trotzdem, ihn während einer Vorstellung in die Manege zu führen. Da fiel Mäuschen in Ohnmacht. Zwei Männer trugen ihn auf einer Bahre hinaus.

Die anderen Artisten begannen, den Dompteur auszulachen, und eine Weile schämte er sich auch. Dann aber besann er sich. »Jeder ist anders«, sagte er. »Es gibt Dicke und Dünne, Fröhliche und Traurige, Mutige und Ängstliche unter den Menschen. Warum nicht unter den Löwen auch?«

Und er ging heim in seinen Wohnwagen, in dem der riesige Löwe, der Mäuschen hieß, so viel Platz einnahm, daß Rondelli sich ganz dünn machen mußte.

»Es ist mir gleichgültig, wie du bist«, sagte er. »Die Hauptsache ist, daß wir Freunde sind!«

Der Löwe schaute ihn an wie damals, als sie sich zum erstenmal begegnet waren, und sie waren beide sehr froh.

Am Graben

HANS BAUMANN

Werner und Fritz, Kurt und der kleine Hans kamen an einen Graben, der breit und tief war.

»Wir müssen umkehren«, sagte der kleine Hans.

»Kommt nicht in Frage«, sagte Werner. Er nahm Anlauf, sprang und war schon drüben.

Dann sprang Kurt und dann Fritz.

»Spring doch!« riefen die drei von drüben.

Der kleine Hans aber traute sich nicht.

»Wie ein Frosch siehst du aus!« verspottete ihn Kurt.

Er hat recht, ich bin ein Frosch, dachte der kleine Hans.

Werner sagte: »Ich nehme dich auf den Rücken und springe noch einmal.«

Dann fallen wir beide in den Graben, dachte der kleine Hans.

Da sagte Fritz: »Wenn der Graben nicht ganz so breit wäre, kämst du dann hinüber?«

»Dann schon!« sagte der kleine Hans.

Fritz stellte einen Fuß an den Grabenrand, streckte Hans eine Hand entgegen und sagte: »Hier, meine Hand ist der Rand!«

Der kleine Hans schaute nur auf die Hand von Fritz. Er dachte: Die ist ja gar nicht so weit weg.

Er nahm Anlauf, und schon war er drüben.

Fritz sagte: »Na, siehst du! Meine Hand hast du nicht mal gebraucht.«

Und alle vier liefen weiter.

Die Geschichte vom Vater, der die Wand hochging

URSULA WÖLFEL

Ein Vater ärgerte sich oft über seinen Jungen, weil der ihm zu ängstlich war.

Der Junge hatte nämlich Angst vor fremden großen Hunden, er hatte Angst vor den beiden frechen Mädchen von nebenan, und er hatte Angst, wenn das Licht im Treppenhaus plötzlich ausging.

»Und so einer will mein Sohn sein!« rief der Vater. »Ich könnte die Wände raufgehen.«

Das tat er dann. Er ging vor Wut die Wand hoch. Als er aber an die Zimmerdecke kam, fiel er vor Schreck wieder herunter. Da oben saß nämlich eine Spinne.

Der schreckliche Hund

WINFRIED WOLF

Ein Junge hatte große Angst vor einem Hund. Jedesmal, wenn er an dem Haus vorbeigehen mußte, stürzte der Hund an den Zaun, sprang hoch, bellte und fletschte die Zähne.

Erst wünschte sich der Junge, daß er ein Ritter wäre mit einer dicken eisernen Rüstung und einem langen scharfen Schwert. Oder ein gewaltiger Riese mit Bärenkräften. Dann hätte der Hund Angst vor *ihm*.

Aber dann erzählte er doch einmal seiner Mutter von dem Hund. Sie nahm ihn an der Hand und ging mit ihm zu der Frau, welcher der Hund gehörte.

Die Mutter des Jungen und die Frau sprachen miteinander. Dann holte die Frau ihren Hund. Sie streichelte den Jungen, und der Hund beschnüffelte ihn. Der Junge sah dem Hund in die Augen. Sie waren braun und freundlich.

Wenn der Junge jetzt an dem Haus vorbeigeht, kommt der Hund und wedelt mit dem Schwanz. Und manchmal streichelt der Junge den Hund sogar.

Bangemachen gilt nicht

KNISTER

Text und Musik: KNISTER

1. Ich brauch dir gar nicht erst zu sa - gen, wie schreck-lich du dich
2. Auch brauch ich dir nicht auf - zu - zählen, vor wie-viel Din - gen du dich

fühlst, wenn du mal Angst hast o - der e - ben ban - ge bist.
fürch-test,weil du das weißt und das bei je - dem an - ders ist.

3. Lei-der ken-ne ich auch kei-nen Zau - ber-spruch, der Angst ver - trei-ben

kann. Doch ich kenn ein klei-nes Lied, das hör dir erst mal an.

Ban - ge - ma - chen gilt nicht, ich mach mir sel - ber Mut!

Ban - ge - ma - chen gilt nicht, ich spür, wie gut das tut!

4. Wenn du einmal ängstlich bist
und es kribbelt schon im Bauch,
dann hilft dir dieses Lied bestimmt,
denn bei mir half es auch.
Refrain:

5. Oder wenn du mal allein bist
und du kriegst schreckliche Angst,
dann denk an dieses Lied zurück
und sing, so laut du kannst:
Refrain:

Refrain:
Bangemachen gilt nicht, ich mach mir selber Mut!
Bangemachen gilt nicht, ich spür, wie gut das tut!
Bangemachen gilt nicht, ich mach mir selber Mut!
Bangemachen gilt nicht, ich spür, wie gut das tut!

Der Trick

ANDREAS RÖCKENER

»Stopfst du ein Ei dir in den Mund,
wirkt deine Backe ungesund!«
sagt sich Eberhard und wimmert:
»Mein Zahnweh hat sich arg verschlimmert!«

»Du armer Eber!« meint die Lehrerin,
»ich schick dich gleich zum Zahnarzt hin!«

Da verläßt den Held der Mut,
und der Zahn ist wieder gut.

Zusammen

DOLF VERROEN

King hat Angst im Dunkeln.
Abends traut er sich nicht allein
auf den Dachboden.
Und nun muß er.
Denn Oma ist da.
Sie schläft in der Dachkammer.
Und King soll ihr ein Taschentuch holen.
Aber King traut sich nicht.
Und darum sagt er:
»Da geh ich aber nicht hin.
Geh doch selber hin!«
»Ich will schon«, sagt Oma.
»Aber ich trau mich nicht.
Ich habe Angst im Dunkeln.«
Wie komisch:
Eine alte Oma, die Angst hat!
Ob sie dann zusammen gehen wollen?
Das machen sie.
Sie gehen ganz vorsichtig nach oben.
King muß Oma helfen.
Denn Oma kann nicht so gut sehen.
Endlich sind sie oben.
Oma knipst das Licht an.
»So, jetzt kann ich wieder richtig sehen«,
sagt sie froh.

»Im Dunkeln habe ich Angst, daß ich hinfalle.
Wovor hast du Angst, King?«
King antwortet nicht.
Denn eigentlich weiß er es nicht.
Er hat keine Angst, daß er im Dunkeln hinfällt.
Oder irgendwo gegen läuft.
Er hat Angst vor widerlichen Sachen.
Vor Sachen, die es eigentlich nicht gibt.
»Und ich habe Angst vor Sachen,
die es sehr wohl gibt«, sagt Oma lachend.
»Zusammen trauen wir uns schon.
Und vielleicht«, sagt Oma,
»traust du dich morgen sogar allein.
Oder übermorgen.«
Vielleicht!
Aber das kann man jetzt noch nicht wissen.

Isabel spricht nicht mehr mit mir

CHRISTA ZEUCH

Genaugenommen ist das seit Montag morgen so, daß Isabel nicht mehr mit mir spricht. Dabei sitzen wir in der Schule nur zwei Plätze auseinander! Sonst haben wir in jeder Pause zusammen gespielt. Doch seit Montag geht Isabel erst gar nicht raus auf den Schulhof. In den Pausen ist sie spurlos verschwunden. Und den Heimweg machen wir seitdem auch nicht mehr gemeinsam.

Ich habe nachgedacht. Bestimmt ist sie sauer auf mich. Nur, mir fällt nicht ein, woran das liegen könnte. Gestritten haben wir uns schon lange nicht. Außerdem sagt sie mir normalerweise, was sie nicht gut findet.

Vielleicht hat ihr jemand etwas über mich erzählt, etwas Gemeines, Schlimmes. Und nun kann sie mich nicht mehr leiden. Ich könnte sie ja einfach mal fragen. Oder ich könnte sie anrufen.

Mein Herz pocht bis in den Hals hinein, als ich den Hörer abnehme. Wie soll ich anfangen? Hoffentlich stottere ich nicht. Ich wähle ihre Nummer, ich warte.

Isabels Mutter hebt ab. Jetzt muß ich etwas sagen.

»Hallo, guten Tag, Frau Landau. Ist Isabel zu Hause?«

»Ja«, sagt sie, und: »Moment. Hast du Halsschmerzen, Moritz? Du sprichst so heiser.«

Sie ruft Isabel. Der Hörer zittert in meiner Hand. Dann ist Isabel am Apparat.

»Ach du, Moritz«, sagt sie.

»Ja, ich wollte dich nämlich fragen, also . . .« stammle ich. Es
ist verflixt schwierig, einfach mit dem rauszurücken, was einem auf der Seele liegt.

»He, was ist, Moritz?«

Isabels Stimme hört sich etwas gelangweilt an. Oder sogar
abweisend? Plötzlich habe ich Angst zu erfahren, was man ihr
über mich erzählt hat. Nein, ich kann die Frage nicht stellen.

»Was haben wir in Mathe auf? Hab's mir nicht aufgeschrie-
ben«, sage ich rasch und fühle mich wie ein Feigling.

Sie gibt mir die Hausaufgaben durch. Dann sagen wir uns
»Tschüs« und weiter nichts.

Nach dem Telefonieren geht es mir noch schlechter. Was hat
Isabel gegen mich? *Wer* könnte mich bei ihr schlechtgemacht
haben? Der Ingo . . . schießt es mir durch den Kopf. Mit dem

verstehe ich mich nicht so gut. Ich werde ihn zur Rede stellen. Aber eigentlich hat das auch Zeit bis morgen. Ja, morgen in der Schule werde ich ihn fragen. Oder noch besser, ich beobachte ihn erst ein Weilchen . . .

Am nächsten Tag in der Schule soll Isabel an die Tafel kommen. Unsere Lehrerin Frau Bödemann will ihr einige Wörter diktieren. Als Isa zur Tafel geht, stolpert sie über ihre eigenen Füße. Die Klasse lacht. Dann schreibt Isa »geboren« mit h, und zum Schluß fällt ihr die Kreide aus der Hand.

»Isabel!« Frau Bödemann lächelt etwas ungeduldig. »Was ist los mit dir? Du machst ein Gesicht wie sieben Tage Regenwetter.«

Das hätte Frau Bödemann besser nicht sagen sollen. Obwohl Isabel sich nicht umdreht, kann ich sehen, daß sie jetzt weint. Frau Bödemann legt den Arm um sie und läßt sie erst einmal in Ruhe.

Daß Isabel Tränen runterkullern, kann ich gar nicht mit ansehen. Am liebsten würde ich sie auch umarmen. Aber sie will ja nichts mehr von mir wissen. Keinen einzigen Blick wirft sie mir zu. Und im Unterricht macht sie auch nicht richtig mit.

Auf dem Nachhauseweg halte ich es nicht mehr aus. Ich renne ihr nach und gehe neben ihr her. Bis zur Kreuzung bleiben wir stumm wie Fische. Dann nehme ich all meinen Mut zusammen.

»Was hab ich dir getan, Isa!« rufe ich. »Sag es mir endlich!«

Bestürzt schaut mich Isa an. »Wieso getan? Gar nichts!«

»Und warum redest du dann nicht mehr mit mir?«

Mit sehr leiser, stockender Stimme sagt Isa dann: »Ach, das hat doch nichts mit dir zu tun. Es ist ja nur . . . meine Oma, die ist sehr krank. Sie wird . . . bald sterben.«

Ich erschrecke. Die fröhliche, liebe Oma Kunze, die ich auch kenne! Bei der ich mit Isabel in den letzten Ferien ein ganzes

Wochenende verbracht habe! Kein Wunder, daß Isabel so verschlossen ist. Wegen der Oma ist sie traurig und besorgt. Und ich Blödmann könnte mich selber ohrfeigen. Hätte ich Isabel doch nur früher gefragt, dann hätte ich sie trösten können.

»Vielleicht wird deine Oma wieder gesund«, sagte ich.

Isabel schüttelt den Kopf.

In meiner Hosentasche habe ich Kaugummis. Ich halte ihr einen hin. Sie will keinen. Aber ich möchte so gern etwas für sie tun. Da nehme ich ihr die Schultasche ab.

Sie sagt: »Gib wieder her. Kann ich selber tragen. Du, Moritz, kommst du nachher ein bißchen zu mir rüber?«

Ich nehme ihr die Tasche wieder ab.

Und dann hat sie wieder die Schultasche in der Hand.

Und dann ich.

Und dann sie.

»Bis nachher«, sage ich, als wir zu Hause angekommen sind.

Isabel nickt mir zu. Und ein wenig lächelt sie dabei.

Im Dunkeln alleine sein

Klasse 3 b der Haslochbergschule,
Groß-Bieberau

Es war einmal ein Junge, der hieß
Thomas. Seine Mutter und sein
Vater hießen Tanja und Michael.
Eines Morgens sitzt die ganze
Familie am Frühstückstisch.
Sie essen Vollkornbrot mit Wurst
und mit Käse. Da sagt die Mutter
zu Thomas: „Hol mir doch bitte einmal einen Beutel Milch aus dem
Keller hoch!" Thomas hat Angst, in
den Keller zu gehen, denn das Licht
geht seit einigen Tagen nicht. Es ist
richtig unheimlich im Keller.
Schließlich nimmt Thomas seinen
ganzen Mut zusammen und holt die
Milch doch noch hoch. Die Mutter meint
nur: „Du, Thomas, Du hast aber jetzt
ganz viel Mut gehabt."
Thomas bekommt einen roten Kopf.

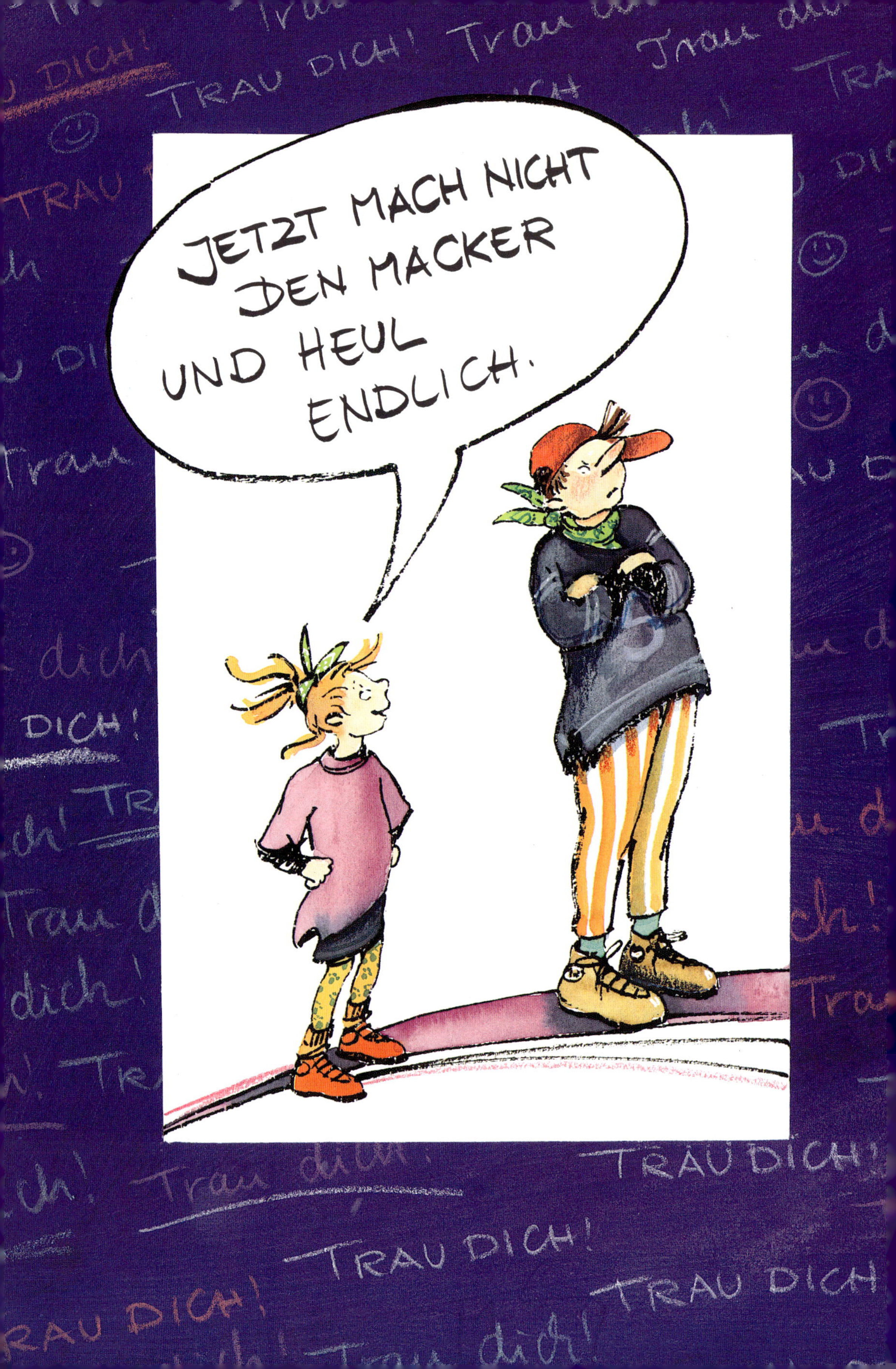
JETZT MACH NICHT DEN MACKER UND HEUL ENDLICH.

2

TRAU DICH WAS

*Wie ihr schwierige Aufgaben und
Probleme mutig lösen könnt,
auch wenn ihr noch klein seid*

Julias anderer Tag

IRMELA BRENDER

Gleich beim Aufstehen kam Julia der Gedanke, daß heute einmal ein anderer Tag sein sollte. Nicht so einer wie gestern und vorgestern und vorvorgestern.

Sie machte alles anders. Statt sich zu waschen, duschte sie. Zum Frühstück aß sie Haferflocken mit Zucker und Milch, nicht Marmeladebrot wie sonst. Sie räumte den Frühstückstisch ab und bat ihre Mutter, ihr das Haar zu zwei Schwänzchen zu binden. Sonst räumte die Mutter den Tisch ab, und Julia kämmte sich allein.

An anderen Tagen ging sie immer auf der rechten Straßenseite zur Schule, heute auf der linken. Sie holte nicht Gabi ab, sondern Helga.

Gestern und vorgestern und am Tag zuvor war Julia in der Schule ziemlich still gewesen. Sie wußte viele Dinge nicht, und deshalb meldete sie sich selten. Aber heute war ein anderer Tag.

Gleich zu Beginn der Rechenstunde sagte sie zu ihrem Lehrer: »Ich habe die letzten Aufgaben nicht verstanden. Könnten Sie sie mir bitte noch mal erklären?«

In Deutsch sagte sie ein Gedicht auf, obwohl sie Angst hatte steckenzubleiben. Sie blieb auch stecken. Statt sich zu schämen wie sonst, sagte sie: »Jetzt weiß ich nicht mehr weiter. Helfen Sie mir?« Die Lehrerin half ihr.

In der Pause aß Julia eine Brezel statt einem Apfel.

Am Nachmittag übte Julia auf Helgas Rad radfahren. Gestern

hatte sie zuviel Angst gehabt, herunterzufallen. Heute fiel sie. Ihr Knie blutete, und statt die Tränen zurückzuhalten, weinte Julia richtig. Ihre Mutter tröstete sie und gab ihr einen Kuß – das hatte sie gestern und vorgestern und am Tag zuvor nicht getan.

Sie schaute nicht die Kinderstunde im Fernsehen an, sondern wollte den Krimi sehen. Deshalb gab es Streit mit ihrem Vater. Zum Schluß sagte Julia nicht, wie sonst meistens: »Ich sehe es ein.« Sie sagte: »Ich sehe gar nicht ein, warum ich den Krimi nicht sehen darf. Das ist bloß, weil du erwachsen bist und alles bestimmen kannst.«

Ihr Vater schaute sie erstaunt an und sagte: »Nanu, Julia!«

Ihre Mutter sagte: »Wir sprechen morgen noch mal darüber, was Julia anschauen darf und was nicht, einverstanden?«

Als Julia ihren Eltern gute Nacht sagte, gab sie ihnen die Hand. Das tat sie sonst schon lange nicht mehr.

Noch viele andere Dinge hatte sie an diesem Tag anders getan. Es war ein aufregender Tag gewesen.

Lob des Ungehorsams

FRANZ FÜHMANN

Sie waren sieben Geißlein
und durften überall reinschaun,
nur nicht in den Uhrenkasten,
das könnte die Uhr verderben,
hatte die Mutter gesagt.

Es waren sechs artige Geißlein,
die wollten überall reinschaun,
nur nicht in den Uhrenkasten,
das könnte die Uhr verderben,
hatte die Mutter gesagt.

Es war ein unfolgsames Geißlein,
das wollte überall reinschaun,
auch in den Uhrenkasten,
da hat es die Uhr verdorben,
wie es die Mutter gesagt.

Dann kam der böse Wolf.

Es waren sechs artige Geißlein,
die versteckten sich, als der Wolf kam,
unterm Tisch, unterm Bett, unterm Sessel,
und keines im Uhrenkasten,
sie alle fraß der Wolf.

Es war ein unartiges Geißlein,
das sprang in den Uhrenkasten,
es wußte, daß er hohl war,
dort hat's der Wolf nicht gefunden,
so ist es am Leben geblieben.

Da war Mutter Geiß aber froh.

Der Sprung

GUNTER PREUSS

Der Wecker klingelt. Hannes zieht sich das Kissen über den Kopf. Er hat keine Lust aufzustehen. Schön wär's, wenn er jetzt krank wäre. Er horcht in sich hinein. Aber er hat weder Fieber noch Kopfschmerzen. Nur im Bauch rumort und kribbelt es ein bißchen.

Schließlich springt Hannes doch aus dem Bett. Er ist allein im Haus. Wie jeden Tag. Seine Eltern sind bereits auf der Arbeit. Hannes duscht kalt. Er schrubbt die Zähne, schlüpft in seine Klamotten. Im Stehen trinkt er auf einen Zug ein Glas Milch leer. Dann schultert er den Ranzen und macht sich auf den Schulweg. Er pfeift: »Eine Seefahrt, die ist lustig . . .«

In der Schule ist die Klasse bereits auf dem Pausenhof versammelt. Hannes wird mit Geschrei empfangen.

»Ruhe!« ruft Frau Söller, die Sportlehrerin. »Wir sind jetzt vollzählig. Also Abmarsch zum Hallenbad.«

Mit einemmal ist das Bauchbrummen wieder da. Hannes geht an der Spitze der Klasse. Seine Freundin Susen geht neben ihm. Sie sagt: »Heute zeigst du es allen. Du legst ihnen einen feinen Sprung hin.«

»Aber klar«, sagt Hannes. »Das wird ein Weltklassesprung.«

Hannes' Schritte werden immer langsamer und kürzer. Als sie an der Schwimmhalle ankommen, geht er am Schluß der Klasse. Und im Umkleideraum ist er der letzte, der seine Badehose anzieht. Sein Bauch brummt nun wie ein hungriger Bär.

Frau Söller läßt die Mädchen und Jungen am Schwimmbecken

in Reih und Glied antreten. Sie wirft einen Ball ins Wasser und ruft: »Zuerst spielen wir uns warm. Dann üben wir den Kopfsprung.«

»Und Hannes führt uns seinen Kopfsprung vom Dreimeterbrett vor!« ruft Susen. Mit lautem Geschrei springen die Mädchen und Jungen vom Beckenrand ins Wasser. Sie lachen und toben. Und jagen dem Ball hinterher.

Hannes ist ganz elend zumute. Die Schweißtropfen stehen ihm auf der Stirn. Er sieht zum Sprungturm hoch. Ganz oben ist das Dreimeterbrett. Hannes versucht sich zu beruhigen. So hoch sieht das gar nicht aus, denkt er. Das schaffst du doch. Kein Problem.

Frau Söller ruft die Mädchen und Jungen aus dem Wasser. »Jetzt ist Hannes dran«, sagt Susen. »Er wird uns als erster seinen Sprung vom Dreimeterbrett vorführen.«

»Hannes, bist du wirklich schon so oft von da oben gesprungen?« fragt Frau Söller besorgt.

»Hundertmal. Mindestens«, antwortet Susen für Hannes. »Er kann das einwandfrei.« Blödes Weib, denkt Hannes. Sie ist schuld, daß er irgendwann einmal vor allen behauptet hat: »So ein Sprung ist kinderleicht.« Nur weil Susen immer angeben will. Überall will sie auffallen. Sie sagt, ihr Freund muß ein toller Mann sein. Einer wie Batman.

»Nun gut, dann zeig uns den Sprung«, sagt Frau Söller. Sie springt selber ins Wasser und schwimmt zum Sprungturm hin, um bei einem Unfall sofort eingreifen zu können.

Unter den anfeuernden Rufen der Klasse steigt Hannes die ersten Stufen des Sprungturmes hinauf. Das geht doch ganz gut, denkt er. Zwischendurch verweilt er einen kurzen Moment. Das Bauchbrummen wird stärker. Und der Hals wird eng und trocken.

»Höher«, schreit es von unten im Chor.

Jede Stufe fällt Hannes jetzt schwer. Endlich steht er ganz oben. Er will den Sprung schnell hinter sich bringen. Aber dazu muß er nach unten schauen.

Mann, ist das tief! Das Schwimmbecken wirkt, als wäre es nur so groß wie ein Planschbecken, und Frau Söller ist nur ein kleiner Punkt.

Hannes klammert sich an das Geländer. Seine Hände sind feucht, die Knie weich. Sein Kopf scheint zu glühen.

»Spring!« schallt es herauf. »Springen!!!«

Langsam läßt Hannes das Geländer los. Er tritt an den Rand des Turmes. Dort bleibt er stehen. So lange bis er ganz ruhig wird. Bis das Bauchbrummen verschwindet. Und sein Kopf wieder frei wird, daß er denken kann.

Unten ist es ganz still geworden. Alle erwarten den Sprung. Aber da tritt Hannes vom Rand des Sprungturmes zurück. Langsam steigt er die Stufen hinunter.

Und dann steht er vor der Klasse. Er sieht den Jungen und Mädchen in die Augen.

»Warum bist du nicht gesprungen, Mensch?« ruft Susen enttäuscht. »Das ist aber eine schwache Leistung!«

Die anderen beginnen zu lachen. Worte wie »Angeber« und »Feigling« sind zu hören.

Da nimmt Hannes all seinen Mut zusammen. Es ist, als müßte er doch noch vom Dreimeterturm springen. Nur viel schwerer ist es.

Er sagt: »Ich . . . hatte einfach Angst.«

Alle schweigen. Auch Frau Söller. Aber dann lächelt sie ihm aufmunternd zu.

Hannes sieht, wie Susen sich von ihm abwendet. Sie stellt sich neben Jens. Das gibt Hannes einen Stich in der Brust. Und doch fühlt er sich gut. Endlich kann er tief durchatmen. Er stößt Frau Söller den Ball aus der Hand. Der Ball fällt ins Wasser.

»Jippiheijeee!«

Hannes springt vom Beckenrand dem Ball hinterher, daß das Wasser nur so spritzt.

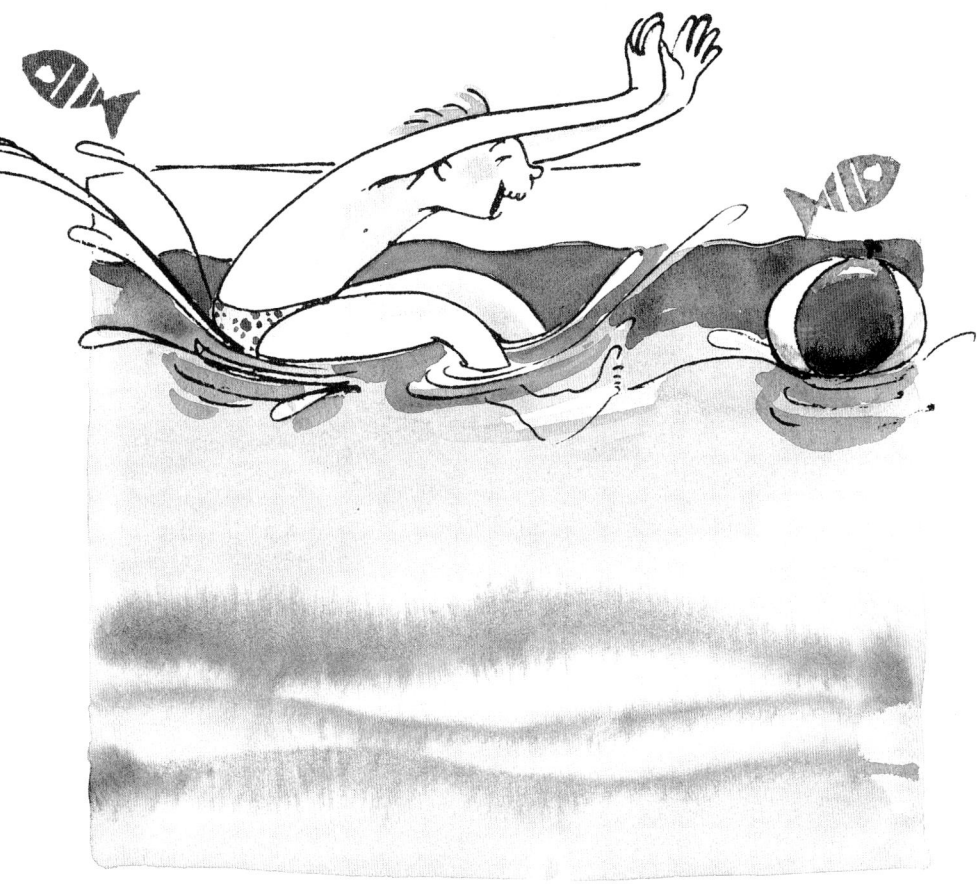

Heute ist wieder Kaffeeklatsch

SUSANNE KILIAN

Wenn Frau Saroli einmal im Monat Kaffeeklatsch hat, kommt auch Fräulein Bach.

Fräulein Bach hat eine Riesennase, einen Zinken.

Sie hat Kleider, die vorne und hinten nicht passen.

An den Füßen hat sie Schuhe, beinahe schon Elbkähne, so breit.

Fräulein Bach redet immer so: »Wäre es wohl möglich, daß ich . . . Dürfte ich wohl höflich darum bitten . . . Würde es Ihnen große Mühe machen, wenn . . .«

Manchmal muß Fräulein Bach früher nach Hause gehen.

Kaum ist die Haustür hinter ihr zugefallen, lachen die anderen im Wohnzimmer darüber, wie häßlich und komisch Fräulein Bach ist.

Marion kriegt immer alles mit, weil sie in ihrem Zimmer Schularbeiten macht.

Heute ist wieder Kaffeeklatsch.

Alle sind schon versammelt.

Nur Fräulein Bach fehlt.

Es klingelt.

»Ach, Fräulein Bach! Was für ein entzückendes Kleid Sie wieder anhaben! Und das Hütchen! Bezaubernd!« hört Marion die Mutter rufen.

Im Wohnzimmer geht's weiter. »Nein, was für eine frische Farbe. Richtig gesund und jung sehen Sie wieder aus. Wo haben Sie denn bloß die reizenden Stiefelchen gekauft?«

Da schmeißt Marion ihren Füller hin, reißt die Tür auf und

schreit ins Wohnzimmer: »Mensch, betut euch doch nicht so!
Hinterher, wenn sie weg ist, sagt ihr doch was ganz anderes.
Was für eine häßliche Ziege, sagt ihr, wenn sie verduftet ist,
jawohl!«

Natürlich kannst du radfahren!

HANS STEMPEL / MARTIN RIPKENS

Es ist ganz einfach. Du brauchst nur darauf zu achten, daß der Sattel niedrig genug ist. Du schwingst dich auf den Sattel und nimmst die Füße vom Boden, um auf die Pedale zu treten. Natürlich glaubst du nicht, daß du wirklich die Füße vom Boden heben kannst, ohne umzufallen. So fällst du natürlich um.

Du wunderst dich, wie die anderen Kinder es schaffen, und versuchst es noch einmal.

Natürlich glaubst du immer noch nicht, daß du ungestraft die Füße vom Boden heben kannst. Ein Fahrrad ist schließlich kein Auto. Es hat nur zwei Räder. Wie soll das gutgehen? Und so fällst du natürlich wieder um.

Da kommt der Vater. »Soll ich dir helfen?« fragt er.

Du sagst weder ja noch nein.

So hilft dir der Vater. »Steig auf!« sagt er. »Ich halte das Rad hinten fest.«

Du steigst auf. Es klappt. Du hast ein komisches Gefühl in den Knien, aber es klappt.

»Nur zu!« sagt der Vater, nachdem du vorsichtig im Hof ein paar Runden gedreht hast. »Nur zu!«

So fährst du zum Hof hinaus, auf die Straße, die Straße hinunter. Der Vater läuft mit hängender Zunge hinter dir her. Du drehst dich um. Hält er das Rad noch fest?

Der Vater hat das Rad losgelassen. Du hast es gesehen, als du dich ängstlich umgedreht hast. Da hast du das Gleichgewicht verloren, bist hingefallen. Du hast es gewußt: Es konnte nicht gutgehen!

»Unsinn!« sagt der Vater. »Natürlich kannst du radfahren! Du darfst dich nicht umdrehen. Das ist das ganze Geheimnis. Also, dreh dich nicht um!«

Und so steigst du zum vierten Mal auf das Fahrrad. Und wieder fährst du die Straße hinunter. Es ist eigentlich herrlich. Fliegen kann schöner nicht sein.

»Langsam! Langsam!« sagt der Vater.

Aber der Radfahrrausch hat dich gepackt. Du wirst immer kühner. Jetzt hebst du dich sogar vom Sattel und fährst im Stehen.

Die Leute drehen sich nach dir um. Dein Freund Peter hängt im Fenster und ruft bewundernd: »Mensch, Stefanie, du kannst ja radfahren!«

Das macht dich stutzig, und du drehst dich um. Da bist du ganz allein mit deinem Fahrrad. Der Vater ist noch als kleiner ferner Punkt zu sehen. Dir werden wieder die Knie weich. Hastig schiebst du dich auf den Sattel zurück. Aber nichts passiert. Du fällst nicht hin. Du fährst weiter. Du bist Herr über dein Fahrrad. Du wendest und fährst zurück, vorbei an dem Fenster, in dem dein Freund Peter hängt. Du nimmst vorsichtig eine Hand vom Lenker und hebst sie zum Gruß. Du sagst: »Natürlich kann ich radfahren!«

Die Gans und der Hase

ANDREAS RÖCKENER

Es war einmal eine Gans, die alles falsch machte. Schon morgens meckerte der Hase: »Das Ei ist zu weich!«

»Das Hemd ist falsch gebügelt!« schimpfte der Hase jeden Tag.

Wenn die Gans Auto fuhr, schrie der Hase: »Falsch! Wann lernst du endlich, richtig zu fahren?«

Überhaupt meckerte der Hase viel. Eigentlich war alles, was die Gans machte, falsch.

Sogar als ihn die Gans mit einem Frühstück im Bett überraschte, pöbelte er sie an.

Da hatte die Gans den Schnabel voll. »Ich werde ab jetzt alles richtig machen!« sagte sie. »Als erstes werde ich meinen Koffer packen und gehen!«

Von nun an machte die Gans alles richtig. Doch alles, was der Hase anfing, ging schief.

Er war so verzweifelt, daß er eines Tages die Seelsorge anrief. »Ach, ich mache alles falsch!« stöhnte er ins Telefon. Die Stimme am anderen Ende kam ihm bekannt vor: Es war die Gans!

Klaus Teddys Mutmachlied

JUTTA RICHTER / LUDGER EDELKÖTTER

Text: JUTTA RICHTER
Musik: LUDGER EDELKÖTTER

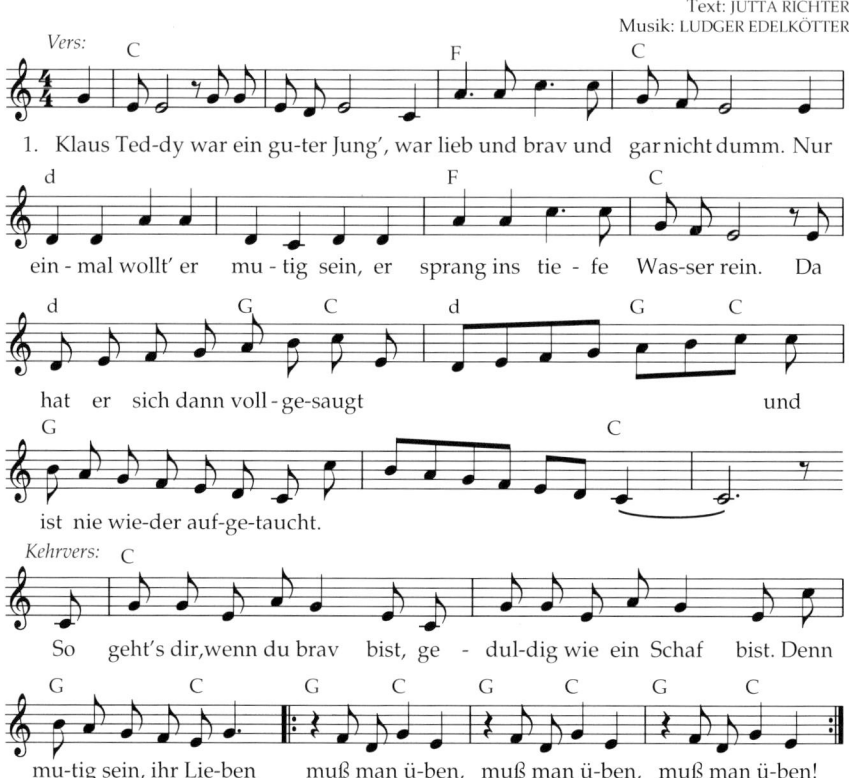

Vers:

1. Klaus Ted-dy war ein gu-ter Jung', war lieb und brav und gar nicht dumm. Nur ein - mal wollt' er mu - tig sein, er sprang ins tie - fe Was-ser rein. Da hat er sich dann voll - ge-saugt und ist nie wie-der auf-ge-taucht.

Kehrvers:

So geht's dir, wenn du brav bist, ge - dul-dig wie ein Schaf bist. Denn mu-tig sein, ihr Lie-ben muß man ü-ben, muß man ü-ben, muß man ü-ben!

2. Franz Biber war ein Musterkind.
Er macht den Diener ganz geschwind.
Nur einmal bückt' er sich zu tief.
Fiel aufs Gesicht, die Nase lief.
Da haben sie ihn ausgelacht,
und er hat nachts ins Bett gemacht.
So geht's dir, wenn . . .
Denn grade gehn, ihr Lieben . . .

3. Fritz Qualle sagte niemals nein.
Er schaufelte alles in sich rein.
Aß immer seinen Teller leer.
Gab man ihm viel, dann aß er mehr.
Er wurde schließlich kugelrund.
Und das war furchtbar ungesund.
So geht's dir, wenn . . .
Denn nein sagen, ihr Lieben . . .

4. Hans Igel fürchtete sich sehr.
Er nahm im Leben alles schwer.
Er fand sich häßlich und zu klein
und spielte meistens ganz allein.

So hat er's Jahr für Jahr gemacht,
ans Größerwerden nicht gedacht.
So geht's dir, wenn . . .
Denn groß werden, ihr Lieben . . .

Der kleine Riese

WALTHER HOHENESTER

Viele Leute glauben, alle Riesen seien gleich groß. Das ist jedoch ein gewaltiger Irrtum! Normale Riesen sind etwa zwölf, große Riesen sind bis zu fünfzehn Stockwerke groß. In Alaska soll es sogar einen Riesen geben, der größer ist als zwanzig Stockwerke!

Allerdings weiß ich nicht genau, wie in Alaska die Stockwerke gemessen werden. Es kann durchaus sein, daß sich die Leute dort ein wenig geirrt haben, ganz aus Versehen, ihr versteht schon, was ich meine!

Nun gab es vor langer, langer Zeit einen Riesen, der war gerade so groß, daß er über einen mittleren Apfelbaum hinwegsehen konnte. Dabei war er schon uralt, er hatte schon über dreitausendsiebenhundertfünfundsechzig Jahre auf dem Buckel. Aber mittendrin, irgendwann, hatte er aufgehört zu wachsen. Und deshalb wurde er von niemandem ernst genommen.

Hielten die Riesen eine Versammlung ab, dann mußte der kleine Riese ganz hinten in der allerletzten Reihe sitzen, und keiner achtete auf ihn.

Wenn die Riesen spazierengingen, mußte der kleine Riese doppelt so viele Schritte machen wie die großen Riesen.

Kamen sie an einen See, dann sprangen die großen Riesen einfach drüber. Dem kleinen Riesen aber blieb nichts anderes übrig, als um den See herumzulaufen. Das war alles sehr traurig für den kleinen Riesen.

Im Frühling hatte es wochenlang geregnet, Tag und Nacht.

Bäche und Flüsse liefen über, und die Fische schwammen auf den Wiesen zwischen den Glockenblumen herum.

Da beschlossen die Menschen, die Riesen um Hilfe zu rufen. Die Riesen legten sich auf die Erde, und die Menschen schrien ihnen ins Ohr.

Dann beratschlagten die Riesen, was am besten zu machen wäre. Der gescheiteste Riese sagte: »Wir werden alle Seen leer trinken.« Aber seine Freunde schüttelten den Kopf. Soviel Durst hatten nicht einmal die Durstigsten unter ihnen.

»Wir graben ein großes Loch«, sagte der zweitgescheiteste Riese, »dann fließt alles Wasser hinein.«

Aber der drittgescheiteste Riese sagte, das Loch würde im Nu ganz vollaufen, und nach kürzester Zeit würde auch dieses Loch überfließen. Da wußten die Riesen nicht mehr weiter. Die Menschen waren verzweifelt.

Plötzlich hatte der kleine Riese eine Idee. »Ich weiß einen Ausweg!« sagte er. Er zitterte vor Aufregung, denn noch nie hatte er in einer Versammlung auch nur ein einziges Wort gesprochen.

»Wir könnten die Wolken wegschieben!« Seine Augen blitzten. »Der Größte von uns schiebt sie einfach zur Seite!«

Die Riesen ärgerten sich sehr, daß sie nicht selber auf diesen Gedanken gekommen waren. Sie berieten sich ausführlich und beratschlagten eine volle Stunde lang. Schließlich bequemten sie sich dazu, den Vorschlag des kleinen Riesen auszuführen. Der Größte von ihnen stellte sich auf die Zehenspitzen, streckte die Arme in die Höhe und versuchte, die dicke Wolkendecke zu erreichen.

Aber die Wolken waren viel zu weit weg. »Es geht nicht!« schrien die Riesen. »Man sieht ganz deutlich, daß es nicht geht!«

Beppo Straßenkehrer

MICHAEL ENDE

Der Alte hieß Beppo Straßenkehrer. Er wohnte in einer Hütte, die er sich aus Ziegelsteinen, Wellblechstücken und Dachpappe selbst zusammengebaut hatte.

Er war ungewöhnlich klein und ging obendrein immer ein bißchen gebückt. Seinen großen Kopf, an dem ein kurzer weißer Haarschopf in die Höhe stand, hielt er stets etwas schräg, und auf der Nase trug er eine kleine Brille.

Beppo fuhr jeden Morgen lange vor Tagesanbruch mit seinem alten, quietschenden Fahrrad in die Stadt. Dort wartete er, bis man ihm einen Besen und einen Karren gab und ihm eine bestimmte Straße zuwies, die er kehren sollte.

Sie sahen schadenfroh auf den kleinen Riesen hinab.

»Dann muß einer von uns dem anderen auf den Rücken klettern!«

»So!« Die Riesen kratzten sich verdutzt ihre Riesennasen. Das taten sie immer, wenn sie sehr erstaunt waren. »Auf den Rücken klettern! Soso!«

Der kleine Riese nickte.

»Also gut!«

Der größte Riese verschränkte die Hände vor seinem Bauch, und sein Freund stieg ihm auf die Schultern.

»Zu hoch!« schrien alle. »Er ist viel zu hoch droben!«

In der Tat ragte der obere Riese weit über die Wolkendecke hinaus. Sie lachten den kleinen Riesen aus und verspotteten ihn sehr.

»Viel zu hoch! Viel zu hoch!« grölten sie. »Er ist viel zu hoch droben!«

Und der Riese, der eben noch auf den Schultern des allergrößten Riesen hin und her geschwankt war wie ein Apfelbaum voller Äpfel, ließ sich krachend wieder auf den Boden hinabplumpsen. »Die Wolken wegschieben!« keuchte er. »So ein dämlicher Vorschlag!«

Da bekam der kleine Riese einen fürchterlichen Zorn. Er nahm Anlauf, sprang dem allergrößten Riesen auf den Buckel, packte die dicken, schweren Wolken und riß sie auseinander, so lange, bis die Sonne wieder schien. Dann hüpfte er seinen verblüfften Kameraden vor die Füße.

Die Menschen waren überglücklich. Sie schüttelten sich gegenseitig die Hände und schüttelten dem kleinen Riesen die Hände und gingen fröhlich singend nach Hause.

Und der kleine Riese wurde vor Stolz gleich um zwei ganze Stockwerke größer!

Angst und Zweifel

ERICH FRIED

ZWEIFLE NICHT
AN DEM
DER DIR SAGT
ER HAT ANGST

ABER HAB ANGST
VOR DEM
DER DIR SAGT
ER KENNT KEINEN ZWEIFEL

Beppo Straßenkehrer

MICHAEL ENDE

Der Alte hieß Beppo Straßenkehrer. Er wohnte in einer Hütte, die er sich aus Ziegelsteinen, Wellblechstücken und Dachpappe selbst zusammengebaut hatte.

Er war ungewöhnlich klein und ging obendrein immer ein bißchen gebückt. Seinen großen Kopf, an dem ein kurzer weißer Haarschopf in die Höhe stand, hielt er stets etwas schräg, und auf der Nase trug er eine kleine Brille.

Beppo fuhr jeden Morgen lange vor Tagesanbruch mit seinem alten, quietschenden Fahrrad in die Stadt. Dort wartete er, bis man ihm einen Besen und einen Karren gab und ihm eine bestimmte Straße zuwies, die er kehren sollte.

Beppo liebte diese Stunden vor Tagesanbruch, wenn die Stadt noch schlief. Und er tat seine Arbeit gern und gründlich. Er wußte, es war eine sehr notwendige Arbeit.

Wenn er so die Straßen kehrte, tat er es langsam und stetig: bei jedem Schritt einen Atemzug und bei jedem Atemzug einen Besenstrich.

Schritt – Atemzug – Besenstrich

Schritt – Atemzug – Besenstrich

Während er sich so dahinbewegte, vor sich die schmutzige Straße und hinter sich die saubere, kamen ihm oft große Gedanken. Aber es waren Gedanken ohne Worte, Gedanken, die sich so schwer mitteilen ließen wie ein bestimmter Duft, an den man sich nur gerade eben noch erinnert, oder wie eine Farbe, von der man geträumt hat.

Nach der Arbeit, wenn er bei der kleinen Momo saß, erklärte er ihr seine großen Gedanken. Und da sie auf ihre besondere Art zuhörte, löste sich seine Zunge, und er fand die richtigen Worte.

»Siehst du, Momo«, sagte er dann z. B., »es ist so: Manchmal hat man eine sehr lange Straße vor sich. Man denkt, die ist so schrecklich lang; das kann man niemals schaffen, denkt man.«

Er blickte eine Weile schweigend vor sich hin, dann fuhr er fort: »Und dann fängt man an, sich zu eilen. Und man eilt sich immer mehr. Jedesmal, wenn man aufblickt, sieht man, daß es gar nicht weniger wird, was noch vor einem liegt. Und man strengt sich noch mehr an, man kriegt es mit der Angst, und zum Schluß ist man ganz außer Puste und kann nicht mehr. Und die Straße liegt immer noch vor einem. So darf man es nicht machen.«

Er dachte einige Zeit nach. Dann sprach er weiter: »Man darf nie an die ganze Straße auf einmal denken, verstehst du? Man muß nur an den nächsten Schritt denken, an den nächsten Atemzug, an den nächsten Besenstrich. Und immer wieder nur an den nächsten.«

Wieder hielt er inne und überlegte, ehe er hinzufügte: »Dann macht es Freude; das ist wichtig, dann macht man seine Sache gut. Und so soll es sein.«

Und abermals nach einer langen Pause fuhr er fort: »Auf einmal merkt man, daß man Schritt für Schritt die ganze Straße gemacht hat. Man hat gar nicht gemerkt wie, und man ist nicht außer Puste.«

Er nickte vor sich hin und sagte anschließend: »Das ist wichtig.«

Wie ich Mut bekommen habe

Markus Lorenz (9 Jahre),
Offenbach-Bieber

Ich spiele jetzt schon
vier Jahre Handball.
Am Anfang habe ich mich
nie getraut, aufs Tor zu
werfen. Immer wenn ich
den Ball gekriegt habe,
habe ich ihn ängstlich
wieder abgespielt. Eines
Tages hat mein Trainer
gerufen: „Wirf doch endlich
mal aufs Tor!" Und ich hab
tatsächlich geworfen. Und
siehe da, er war sogar
drinnen.
Seitdem habe ich nie mehr
Angst gehabt, aufs Tor
zu werfen.

3

WER IST HIER MUTIG?

Wie ihr anderen Kindern euern Mut beweisen und echte von falschen Mutproben unterscheiden könnt

Von dem Jungen, vor dem alle Angst hatten

ELISABETH STIEMERT

In der Dreierlei-Straße wohnte ein Junge, vor dem alle Angst hatten. Der Junge wohnte hier noch nicht lange. Er war größer als die anderen Kinder, und er saß auf der Treppe vor seinem Haus einfach so da.

Jeden Tag saß der Junge da auf der Treppe, und er machte meistens ein böses Gesicht. Sonst machte er nichts.

Manchmal spuckte er allerdings, aber nur auf die Straße. Manchmal pfiff er auch laut. Er steckte zwei Finger in seinen Mund und pfiff dann wirklich ganz laut. Manchmal boxte er auch in die Luft. Mit zwei Fäusten boxte er vor sich hin, als ob jemand da wäre, den er so boxte. Aber er saß immer auf der Treppe dabei.

Trotzdem hatten die anderen Angst.

Wenn die Kinder aus der Dreierlei-Straße einkaufen mußten, gingen sie nicht an dem Jungen vorbei. Sie gingen hinüber auf die andere Seite der Straße. Und wenn der Junge zu ihnen hinsah, liefen sie schneller. Manche glaubten, der Junge hätte ein Messer. Manche glaubten auch, er nähme ihnen das Geld, das sie zum Einkaufen brauchten. Und Spielsachen machte er sicher kaputt. Ein Junge, der immer so böse guckte, machte sicherlich alles kaputt. Und bestimmt haute er kleinere Kinder. Einmal kam ein Kind zu Besuch in die Dreierlei-Straße, und nach dem Kaffeetrinken kam das Kind heraus. Es hatte seinen

Ball mitgebracht und wollte sehr gerne spielen. Das Kind ging mit dem Ball zu dem Jungen. Es wußte ja nicht, daß die anderen vor ihm Angst hatten.

»Wollen wir spielen?« fragte das Kind den Jungen. Der Junge guckte erstaunt. Dann stand er auf von der Treppe und lachte. »Los«, sagte der Junge, »wir spielen Torschießen!«

Die anderen Kinder aus der Dreierlei-Straße sahen sich an, wie der Junge mit dem fremden Kind spielte. Sie standen weit weg. Aber sie sahen, daß der Junge auch lachte.

Vielleicht hat der Junge kein Messer, dachten sie jetzt.

Vielleicht nimmt er kein Geld weg.

Vielleicht macht er auch gar nichts kaputt, und sicherlich haut der Junge auch keinen.

Morgen wollten sie ihn fragen, ob er Lust hätte, mit ihnen zu spielen.

Peter und Ayse

KLAUS W. HOFFMANN

Text und Musik: KLAUS W. HOFFMANN

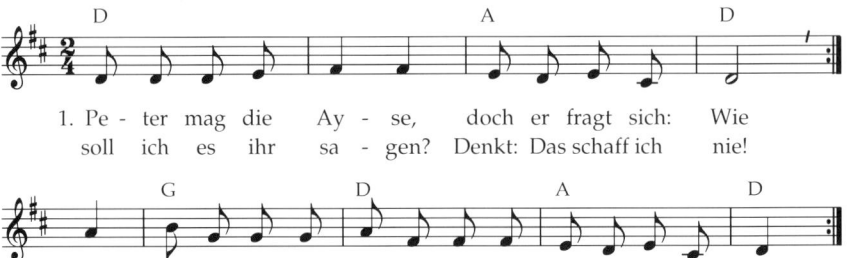

1. Pe - ter mag die Ay - se, doch er fragt sich: Wie
soll ich es ihr sa - gen? Denkt: Das schaff ich nie!

Er traut sich nicht, er traut sich nicht, er traut sich ein-fach nicht.

2. Ayse mag den Peter,
   doch sie fragt sich: Wie
   soll ich es ihm sagen?
   Denkt: Das schaff ich nie!

   Sie traut sich nicht,
   sie traut sich nicht,
   sie traut sich einfach nicht.

3. Peter denkt: Ich lad sie
   mal zum Spielen ein.
   Doch wenn ich sie frage,
   sagt sie sicher nein!

   Er traut sich nicht,
   er traut sich nicht,
   er traut sich einfach nicht.

4. Ayse denkt: Ich sag ihm,
   daß ich singen kann!
   Doch dann fängt er sicher
   gleich zu lachen an.

   Sie traut sich nicht . . .

5. Beide haben sich
   auf einmal angelacht,
   und dann hat die Schule
   viel mehr Spaß gemacht.

   Sie trauten sich,
   sie trauten sich
   und wußten nur zu gut:
   Man braucht dazu, man braucht dazu
   doch nur ein bißchen Mut.

Dieses Lied kann man gut als Pantomime spielen.
Während eine Gruppe das Lied singt, stellen zwei Kinder das, was im Liedtext
erzählt wird, mit Mimik und Gestik dar.

Wenn man jemanden beschützen will

Michael Albrecht, Klasse 3 b
der Haslochbergschule, Groß-Bieberau

Es war, als die Schule aus war.
Da war ein Türke, der ging nach
Hause.
Hinter ihm liefen Tino und Max.
Sie verfolgten ihn.
Als sie im Tunnel waren, verkloppten
sie ihn.
„Jetzt helfe ich ihm, dem Türken",
dachte ich.

Ich rannte, so schnell, wie ich
konnte. Doch Tino und Max
waren schon über alle Berge.

Eins zu null für Bert

HILTRAUD OLBRICH

Es wird gleich regnen, denkt der Junge mit dem Kinderwagen. Gott sei Dank wird es gleich regnen. Dann trainieren sie nicht, dann wird es nicht auffallen, wenn ich wieder nicht dabei bin. Bert schiebt den Wagen schneller. Vater wird es freuen, wenn ich schon eingekauft habe, überlegt der Junge.

Seit Berts Mutter fort ist, fährt der Vater nur nach Nachtschicht im großen Schacht auf der Zeche: als Schachthauer, Nacht für Nacht.

Nachmittags schläft er. Dann ist Bert da, hilft im Haushalt und achtet auf den Kleinen.

Und deswegen kann Bert nicht mehr zum heißgeliebten Fußballspiel in den Klassenklub, deswegen muß er das Training auslassen, und deswegen wird er wieder Ärger bekommen, ganz bestimmt.

Aber es geht nicht anders, das weiß Bert. Es wird sich erst ändern, wenn seine Mutter wiederkommt. Hoffentlich kommt sie bald!

Manchmal bedrängt der Gedanke den Jungen, wie lange das noch gutgehen wird. Was ist, wenn sie sich einen anderen Torwart nehmen, einen, der immer zum Training kommt?

Das Einkaufsnetz zieht wie ein Bleigewicht an Berts Arm. Der Junge hält den Kinderwagen an. Vorsichtig schiebt er die Beinchen des schlafenden Bruders zur Seite, schafft Platz für das Netz.

Als sich Bert dann aufrichtet, sieht er sie, alle zehn.

Ratlos zieht er die Unterlippe durch die Zähne. Jetzt haben sie mich.

Und natürlich sehen sie ihn. Sie kommen direkt auf ihn zu, die ganze Fußballmannschaft. Bedrohlich heben sich ihre Körper vom gelben Horizont ab. Dann bleiben sie stehen, bilden geschickt einen Halbkreis um Bert mit dem Kinderwagen: eine wütende, schweigende Mauer.

Wie ruhig es plötzlich ist. Bert versucht an seinen Klassenkameraden vorbeizuschauen. Wenn irgend jemand käme. Aber kein Mensch außer ihnen ist zu sehen, eine leere, ausgestorbene Straße. Ausgerechnet jetzt.

Was werden sie tun? Berts Blick sucht in ihren Gesichtern. Es wird Keile geben, das steht fest. Man belügt nicht ungestraft den Klub, man läßt den Klub nicht im Stich. Das ist eiserne Regel.

»So, so!« Martin, der Lange, wippt herausfordernd auf den Zehenspitzen. »Mal wieder auf Omas Beerdigung, was?«

Ein Stein trifft Berts Schienbein. »Zum Training zu faul, aber spazierengehen!« Frank, den sie den Bär nennen und den alle fürchten, steht direkt neben Bert. Der Junge kann den Atem des anderen spüren. Krampfhaft schaut Bert geradeaus.

Jetzt wissen sie es, denkt er gequält. Jetzt wissen sie, daß ich sie immer belogen habe. Immer, wenn ich nicht zum Training konnte.

Alles mögliche hat Bert als Entschuldigung angegeben: Arztbesuch, Beerdigung, wichtige Fahrt in die Kreisstadt. Alles mögliche, nur nicht die Wahrheit.

»Au«, Bert stöhnt auf. Der Bär hat Berts Arm gepackt und dreht ihn nach hinten um. Ein Spezialgriff. Man kommt nicht aus ihm heraus. Mit einem kurzen Ruck reißt der Bär den Arm hoch. Der Schmerz zieht heftig durch Berts Körper.

»Sag endlich, was du dir dabei gedacht hast!« Noch dichter tritt der Bär an Bert heran. »Uns so anzulügen!«

Bert beißt sich auf die Lippen und schweigt. Sie würden ihn doch nicht verstehen.

»He, bist du schwerhörig? Wo warst du jedesmal?« Irgend jemand aus der Menge ruft es. Irgend jemand. Bert weiß nicht, wer. Die Gesichter verschwimmen vor seinen Augen. Ihm ist, als sprächen sie mit einer Stimme, aus einem einzigen riesigen Maul. Das Maul eines Raubtiers, das jeden Augenblick bereit ist zuzuschnappen.

Berts Arm schmerzt. Noch mehr aber verletzen ihn die verächlichen Blicke der Jungen. Sie zeigen es deutlich. Sie wollen ihn nicht mehr. Aus ist's mit dem Klub – vorbei! Alle Lügen waren umsonst.

Berts Knie zittern vor Anspannung. Wenn sie doch endlich mit dem Prügeln anfangen würden!

Aber nicht mal das.

»Mensch, zisch ab«, sagt jetzt einer. »Bei dir lohnen sich nicht mal Prügel. Wäre reine Kraftverschwendung. Hau ab, zur Mami!«

Bert merkt, wie ihm das Blut in den Kopf steigt. Was wissen sie von der Mutter? Sie können alles machen, nur seine Mutter sollen sie aus dem Spiel lassen.

Aber schon geht es los.

»Bert kann nicht zur Mami. Mami ist in der Klapsmühle«, schreit einer. »Bert muß selbst Mami spielen.«

Es war wie ein Signal. Die Jungen grölen jetzt durcheinander. »Klapsmühle!« schreien sie und »Mamispielen«. Dabei hüpfen sie herum und boxen sich schadenfroh in die Seiten. »Klapsmühle, Mamispielen!«

Bert steht wie betäubt, noch immer im Griff von dem, den sie Bär nennen. Und der Lärm weckt schließlich den kleinen Bruder auf. Verstört schaut er auf die vielen Köpfe über ihm. Dann schreit er los, kräftig und anhaltend.

Überrascht verstummen die Jungen und blicken auf das schreiende Baby. Der Bär läßt irritiert Berts Arm los.

Bert reibt sich das schmerzende Handgelenk. Der Kleine hat Angst, denkt er. Er spürt sie wie ich, die Feindseligkeit und die Gefahr. Saubande, blöde.

Das Weinen des Kindes wird heftiger, drängender. Hilflos streckt es Bert die Arme entgegen. Der kleine Oberkörper beugt sich weit vor, als suche er durch eigene Kraft in die Nähe des großen Bruders zu kommen. Dahin, wo er sich sicher glaubt, wo er Schutz vermutet.

Einen Augenblick lang zögert Bert. Dann bückt er sich, ohne die anderen eines Blickes zu würdigen, nimmt ruhig den Kleinen auf den Arm und drückt ihn zärtlich an sich. Dann gibt er ihm einen Kuß mitten auf die Nasenspitze.

»Ganz wie Mami«, höhnt einer und lacht dazu. Aber die anderen lachen nicht mehr mit. Sie sind still. Nur der Bär sagt etwas.

»Halt die Klappe«, sagt er und ist dann auch so merkwürdig still. Eine eigenartige plötzliche Stille.

Bert bemerkt sie nicht. Er spürt das nasse Gesichtchen an seinem Hals und eine warme, weiche Hand, die Halt in seinem Haar sucht.

Da lächelt Bert. »Sucht euch mal einen anderen Torwart«, sagt er leise, »ich verzichte.« Entschlossen schiebt er mit der freien Hand den Kinderwagen auf die Gruppe der Jungen zu. Verwundert machen sie Platz.

Ganz fest hält Bert den kleinen Kinderkörper. Schon lange hat der Junge nicht mehr ein so gutes Gefühl gehabt. Er spürt das Gewicht des Kleinen kaum. Leicht wie eine Feder scheint er zu sein.

Als ihn dann die anderen einholen, hat Bert noch das Lächeln im Gesicht. Er hört ihre Schritte, dreht sich ruhig um. Erstaunt, als hätte er sie eine lange Zeit nicht gesehen, schaut er sie an und fragt. »Ist was?«

Keiner der Jungen gibt eine Antwort. Die ersten Regentropfen fallen. Warmer Sommerregen wäscht die staubige Straße.

Es dauert eine kleine Ewigkeit, ehe Martin zögernd spricht: »Du könntest den Kleinen ja zum Training mitbringen. Wir passen dann abwechselnd auf ihn auf. Ganz bestimmt. Du kannst dich auf uns verlassen.«

Nun hätte Bert zum erstenmal an diesem Tag fast geweint. Er holt tief Luft, und seine Schultern heben sich. Dann nickt er, erst schwach, dann immer kräftiger. »In Ordnung«, sagt er, »bis morgen also, zum Training.« Er geht ein paar Schritte und dreht sich noch mal um. »Und den Kleinen bring' ich mit.«

Wenig später zieht er den Kinderwagen in den Hausflur, nimmt das Einkaufsnetz heraus und geht mit dem kleinen Bruder die Treppe hinauf. Leise öffnet er die Wohnungstür. Vielleicht schläft der Vater noch.

Ich werde es der Mutter in die Klinik schreiben, nimmt sich Bert vor. Ich werde ihr schreiben, wie glücklich ich bin. Das wird sie freuen, und die Freude wird ein wenig mithelfen, ihr krankes Gemüt wieder gesund zu machen. Denn Freude macht gesund, das hat ihm einmal der Arzt gesagt.

Das Lied vom Anderssein

KLAUS W. HOFFMANN

Text und Musik: KLAUS W. HOFFMANN

1. Im Land der Blau - ka - rier-ten sind al - le blau - ka-
riert. Doch wenn ein Rot-ge - fleck-ter sich mal dort - hin ver - irrt, dann
ru - fen Blau - ka - rier - te: »Der paßt zu uns doch nicht! Er
soll von hier ver - schwin-den, der rot - ge - fleck - te Wicht!«

2. Im Land der Rotgefleckten
sind alle rot gefleckt.
Doch wird ein Grüngestreifter
in diesem Land entdeckt,
dann rufen Rotgefleckte:
»Der paßt zu uns doch nicht!
Er soll von hier verschwinden,
der grüngestreifte Wicht!«

3. Im Land der Grüngestreiften
sind alle grün gestreift.
Doch wenn ein Blaukarierter
so etwas nicht begreift,
dann rufen Grüngestreifte:
»Der paßt zu uns doch nicht!
Er soll von hier verschwinden,
der blaukarierte Wicht!«

4. Im Land der Buntgemischten
sind alle bunt gemischt.
Und wenn ein Gelbgetupfter
das bunte Land auffrischt,
dann rufen Buntgemischte:
»Willkommen hier im Land!
Hier kannst du mit uns leben,
wir reichen dir die Hand!«

Trotzdem

RAINER HOHMANN

Auch
wenn das Nachbarskind
nicht mehr
mit dir spielen darf,
weil die Nachbarn
und deine Eltern
sich nicht mehr vertragen:
Geh trotzdem zum Nachbarskind
und schenk ihm
deine bunteste Glaskugel.
Vielleicht werdet ihr einmal bessere Nachbarn!

So stachelig wie ein Kaktus

URSULA FUCHS

In der Schule ist große Pause. Anne steht auf dem Schulhof am Zaun. Sie hält sich an den Holzlatten fest. Anne ist wütend auf Dieter. Der hockt auf der Bank unterm Kastanienbaum. Anne kann ihn nicht sehen.

Dieter ist nämlich in einem Knäuel von Kindern verschwunden. Er hat sich gestern in der Turnstunde den linken Arm gebrochen. Heute kam er mit einem dicken Gipsverband in die Schule. Nun wollen die Kinder aus seiner Klasse auf den Arm schreiben. Anne wollte das auch. Aber Dieter hat sie weggeschickt. »Du hast so eine Krakelschrift«, hat er gesagt. »Und schmieren tust du auch.«

Anne ist traurig. Es stimmt, was der Dieter gesagt hat. Sie kann wirklich immer noch nicht gut schreiben.

»Das lernst du schon noch«, tröstet sie Frau Kerger immer. Frau Kerger ist die Klassenlehrerin. Sie meint, daß Anne sehr gut malen kann. Das stimmt auch. Darum kann Anne dem Dieter doch etwas auf seinen Gips malen. Ein Haus, eine Blume oder ein Eichhörnchen.

Als es zur Pause klingelt, läuft Anne mit den anderen Kindern rauf ins Klassenzimmer. Dieter hat seinen Platz neben Anne. Er legt seinen Gipsarm auf den Tisch. Anne kann lesen, wer auf den Arm geschrieben hat. In roter, grüner, gelber und blauer Schrift. Claudia, die immer mit Dieter nach Hause geht, hat sogar ein rotes Herz draufgemalt.

Wieso ist das nicht mein Gipsarm, denkt Anne. Dann dürften alle Kinder aus der Klasse draufmalen. Alle! Nur der Dieter nicht. Wenn ich so einen Gipsarm hätte, dann möchte ich auch so ein Herz drauf haben.

Anne schiebt den Ärmel von ihrem Pulli hoch und malt auf ihren Arm ein kleines blaues Herz. Neben das Herz einen Pinguin. Der steht auf einer Eisscholle. Oben scheint die Sonne. Dieter stupst sie an. »He du, Anne«, sagt Dieter. »Anne, malst du mir auch so einen kleinen Pinguin auf meinen Gipsarm?«

»Nee«, sagt Anne. »Einen Pinguin bekommst du nicht. Aber wenn du willst, mal' ich dir einen Kaktus.«

»Einen Kaktus?« fragt Dieter. »Warum denn das?«

»Weil der so stachelig ist. Genauso stachelig wie du.« Anne lacht.

In der Schule

SILKE BURKARTSMAIER

4

KINDER HABEN RECHTE

Wie ihr den Mut aufbringen könnt, nicht immer zu tun, was andere wollen, sondern eure eigenen Rechte einzufordern

Der Umzug

FREDRIK VAHLE

Text und Melodie: Trad.
(Bearbeitet von Fredrik Vahle)

1. Der Haus-wirt hat ge-kün-digt, sprach zur Fa-mi-lie Bott:»Ihr habt zwar nicht ge-sün-digt, doch trotzdem müßt ihr fort.«

Refrain:

Mut-ter schleppt die Mö-bel auf den Wa-gen, Va-ter muß die Wasch-ma-schi-ne tra-gen,'s Schwe-ster-chen die gro-ße Gips-fi-gur und der klei-ne Ben-ja-min die Bü-gel-ei-sen-schnur.

2. Wer nimmt schon 'ne Fa-mi-lie, ─── vier Kin-der und ein Hund?
   für ei-ne klei-ne Woh-nung. Was soll man tun? Man zahlt.

Dem Va-ter hängt die Zun-ge raus, er läuft von Hinz zu Kunz.

Der Haus-be-si-tzer Krötz-kopp, ─── der will vier-hun-dert Mark

Refrain und jeweils ab ⦶

3. Das Haus, wo wir gewohnt ha'm,
   das steht jetzt drei Jahr leer,
   und dann wird es kaputtgehaun,
   als ob es gar nichts wär.
   Es soll da ein Bürohaus hin
   mit 21 Stock.
   Der Hausbesitzer fühlt sich stark,
   fast wie der liebe Gott.

   Refrain

4. Doch das passiert uns nicht noch mal,
   daß wir die Dummen sind.
   Die Mutter sagt: »Das muß doch gehn,
   daß Mieter einig sind
   und daß der Hausbesitzer nicht
   von früh bis spät bestimmt.«
   Vom ersten bis zum letzten Stock
   weht dann ein andrer Wind.

   Refrain

Es muß etwas geschehen

GUDRUN PAUSEWANG

In der Zeit, als sich reiche Leute noch Knechte und Mägde hielten, gab es einmal einen reichen Bauern, dem alle Wiesen, Felder und Wälder gehörten, die er von seinem Haus aus sehen konnte. Er hatte sechs Knechte, fünf Mägde, eine Köchin und zwei Hütebuben, die waren noch Kinder.

Dieser Bauer war ein schlimmer Kerl. Er bezahlte ihnen nur einen elenden Lohn, von dem er ihnen die Tage, an denen sie wegen Krankheit nicht arbeiten konnten, noch abzog.

Er gab ihnen nichts von dem Braten ab, den er selber aß, sondern ließ für sie nur dünne Linsensuppe oder Kohlsuppe kochen, in der die abgenagten Knochen aus seinem Braten schwammen.

Das schlimmste aber war, daß er seine Knechte und Mägde verprügelte, sooft er schlechte Laune hatte, und schlecht gelaunt war er fast immer. Sie alle hatten blaue Flecke von seinen Schlägen, sogar die Köchin. Dabei hatten sie weder etwas falsch gemacht, noch waren sie faul gewesen. Er prügelte sie aus purer Lust.

Da sagte die Köchin eines Tages zu den anderen: »Heute hat er mir die Lammkeule über den Kopf gehauen! Schaut euch die Beule an! Ich halte das nicht länger aus. Es muß etwas geschehen.«

»Warum verprügeln nicht einmal *wir* ihn?« fragte der eine Hütebub. »Wir sind vierzehn, er ist nur einer.«

»Du Dummkopf«, sagte einer der Knechte zu ihm. »Er würde

hinterher die Gendarmen rufen und uns ins Gefängnis werfen lassen.«

»Warum hauen wir dann nicht so fest drauf, daß er hinterher die Gendarmen nicht mehr rufen kann?« fragte der andere Hütebub.

»Du weißt nicht, was du redest«, sagte der Knecht. »Fände man ihn erschlagen, kämen wir auch ins Gefängnis. Denn der Verdacht fiele auf uns allein. Außerdem will ich kein Mörder sein, auch kein Vierzehntel-Mörder.«

»Wie wär's, wenn wir den Hof verließen – alle am gleichen Tag?« fragte ein junger Knecht.

Die anderen überlegten eine Weile. Ein paar von ihnen begannen zu kichern. Sie wagten nicht laut zu lachen.

»Warum kichert ihr?« fragten die Hütebuben.

»Weil wir uns vorstellen, wie es wäre, wenn der Alte die ganze Arbeit allein machen müßte«, antworteten die anderen.

»Der Plan taugt nichts«, sagte ein alter Knecht. »Denn der Alte wird genug arbeitslose Dienstleute finden, die bereit sind, bei ihm zu arbeiten – auch wenn sie Prügel von ihm zu erwarten haben.«

»Dann werden wir in der ganzen Gegend erzählen, daß es hier spukt«, rief der junge Knecht. »Vor Gespenstern haben alle Angst – mehr als vor Hunger.«

»Und was für ein Gespenst soll es sein?« fragte die Köchin.

»Eines, das sich einem nachts auf die Brust setzt und einem die Kehle zudrückt, daß man nicht schreien kann«, sagte die junge Magd. »Das schreckt ganz besonders.«

»Und glühende Augen muß es haben«, rief der eine Hütebub.

»Und Krallen wie ein Luchs!« rief der andere Hütebub.

Da schlichen sich die Dienstleute des reichen Bauern jede

Nacht davon, eine Woche lang, und berichteten den Knechten und Mägden auf den Nachbarhöfen von dem schrecklichen Gespenst. Die erzählten es wieder weiter, bis die ganze Umgebung davon wußte. Und wie sich die Gerüchte so verbreiten, hieß es erst, das Gespenst habe die Leute gewürgt, dann hieß es schon, es habe ihnen Blut aus dem Hals gesaugt, und zuletzt erzählte man sich schreckensbleich, es habe einen der Knechte umgebracht.

Mit diesem Gerücht waren die Knechte und Mägde des reichen Bauern sehr zufrieden. Nach einer Woche verschwanden sie, als der Bauer zu einer Hochzeit geladen war, allesamt vom Hof und versteckten sich in einem Heuschuppen hoch in den Bergen. Die Köchin hatte genug zu essen mitgenommen, so daß keiner der vierzehn zu hungern brauchte. Nun ruhten sie sich im Heu von der harten Arbeit aus und warteten ab.

Als der Bauer von der Hochzeit heimkam, muhten die Kühe im Stall jammervoll. Ihre Euter waren prall vor Milch, und niemand hatte sie gemolken und gefüttert. Der Kachelofen in der Stube war kalt, und niemand bereitete dem Bauern ein warmes Bad. So müde, wie er vom Feiern war, und mit einem Schädel, der ihm vom vielen Trinken brummte, mußte er seine Kühe selber melken und füttern, wenn er nicht wollte, daß sie ihm eingingen.

Das dauerte Stunden. Todmüde und steif vom Melken fiel er danach ins Bett und schlief viele Stunden. Als er aufwachte, brüllten die Kühe schon wieder, die Pferde bäumten sich wie wild vor Hunger auf, und die Schweine quiekten. Da blieb ihm nicht einmal Zeit zum Frühstück, und erst zu Mittag wurde er mit der Stallarbeit fertig, weil er gar keine Übung mehr darin hatte.

Ein Gewitter zog auf. Ihm blieb keine Zeit zum Mittagessen. So schnell wie möglich mußte er hinausfahren und das Heu holen, das auf der Wiese lag, wenn er nicht wollte, daß es naß wurde. Aber weil er niemanden hatte, der ihm half, brachte er es doch nicht vor dem Regen heim. Samt dem Heu wurde er klatschnaß.

Die beiden Hütebuben, die sich aus den Bergen herabgeschlichen hatten, um zu beobachten, was sich auf dem Hof tat, hörten ihn fluchen. Hinter ihrem Gebüsch, wo sie sich versteckt hatten, schlugen sie sich vor Vergnügen auf die Schenkel.

Am Abend war der Bauer so erschöpft, daß er alles stehen- und liegenließ, die Pferde anspannte und zu den Gendarmen fuhr. Aber er hatte die Pferde schon lange nicht mehr selbst vor die Kutsche gespannt, und er konnte auch nicht mehr kutschieren. Unterwegs warfen die Pferde die Kutsche um, rissen sich los und galoppierten fort. Mit blauen Flecken kroch der Bauer aus dem Graben und mußte zu Fuß weiterhumpeln.

»Sucht meine Dienstleute!« befahl er den Gendarmen. »Sie können nicht weit sein. Die Luder sollen sich auf was gefaßt machen! Jeden einzelnen werde ich durchprügeln!«

Die Gendarmen suchten die ganze Gegend ab, aber sie fanden die Dienstleute nicht. Der Heuschuppen lag zu versteckt. Und so blieb dem Bauern nichts anderes übrig, als seine Pferde zusammenzusuchen und eines davon zu satteln. Er ritt durch die Gegend und bemühte sich, neue Dienstboten zu finden. Aber er mußte sich beeilen, weil so viel Arbeit im Stall und auf den Feldern auf ihn wartete.

Er traf viele arbeitslose Knechte und Mägde. Aber niemand wollte zu ihm auf den Hof kommen, auch nicht um einen höheren Lohn.

»Lieber bleibe ich arbeitslos, als daß ich mich nachts mit diesen schrecklichen Glühaugen und Krallen herumschlage«, sagten sie. »Auf Höfen, in denen solche Gespenster hausen, arbeite ich nicht.«

»Gespenster?« rief der Bauer verblüfft. »Auf meinem Hof gibt es doch keine Gespenster!«

Aber sie glaubten ihm nicht. Dienstleute glauben nur Dienstleuten. Und sie ließen ihn stehen.

Da kehrte er niedergeschlagen heim, setzte sich mitten auf den Hofplatz und begann laut zu klagen und zu heulen, bis der Hofhund herangeschlendert kam, den er schon unzählige Male getreten und verprügelt hatte. Der leckte ihm nun übers Gesicht.

»Wie kann denn ein Mensch allein so viel Arbeit schaffen?« winselte der Bauer. »Die Arbeit erdrückt mich! Seit zwei Tagen habe ich nicht einmal Zeit zum Essen gefunden! Ich geh noch kaputt!«

Das sahen und hörten die beiden Hütebuben. Mit dieser Neuigkeit liefen sie zu ihren Leuten in den Heuschuppen.

»Jetzt ist die richtige Zeit gekommen, um mit ihm zu verhandeln«, sagten die Dienstleute, als sie den Bericht hörten. Sie wählten den jungen Knecht aus, der den Einfall gehabt hatte, den Bauern zu verlassen. Die Köchin sollte ihn begleiten, weil sie lesen und schreiben konnte.

»Laßt euch nicht einschüchtern«, riefen ihnen die anderen nach.

Sie fanden den Bauern schweißnaß unter einer Kuh kauern und melken. Als er die beiden sah, lief er vor Wut rot an und schrie: »Aha, jetzt kommt ihr wieder angekrochen, ihr unverschämtes Gesindel! Ihr habt wohl Hunger bekommen, was?«

»Du irrst«, antwortete der junge Knecht. »Wir sind satt und ausgeruht. Und wir kommen auch nur zu zweit.«

»Die anderen werde ich von den Gendarmen holen lassen!« schrie der Bauer.

»Die Gendarmen werden sie nicht finden«, sagte die Köchin. »Und wenn sie sie auch fänden, würde es dir nichts nützen, denn die Gendarmen können niemanden zwingen zu arbeiten. Das tun wir nur freiwillig.«

»Wann?« keuchte der Bauer.

»Wenn die Bedingungen danach sind.«

»Ich lasse mir doch von meinen Dienstboten keine Bedingungen vorschreiben!« brüllte der Bauer.

»Wie du willst«, sagte die Köchin. »Also leb wohl.«

»Einen Augenblick«, sagte der Bauer und kam unter der Kuh hervorgekrochen. »Warum denn so hastig? Laßt eure Bedingungen hören, damit ich was zu lachen habe.«

»Erstens«, sagte der junge Knecht, »keine Prügel mehr. Zweitens den doppelten Lohn für uns alle, auch für die beiden letzten Tage und für die Zeit, wenn einer krank ist. Drittens keinen Unterschied zwischen deinem und unserem Essen. Viertens einen Tag in der Woche frei!«

»Das sind ja unverschämte Forderungen!« schrie der Bauer empört und schaute sich nach einem Knüppel um.

»Du brauchst nicht darauf einzugehen«, sagte der Knecht.

»Vielleicht willst du ja weiterhin alle Arbeit auf deinem Hof allein erledigen. Komm, Anna, wir gehen.«

»Halt, halt«, rief der Bauer kläglich, »seid doch nicht so unge-duldig! Schließlich habt ihr ja noch nicht einmal *meine* Bedin-gung angehört!«

»Die wäre?« fragte die Köchin.

»Daß ihr noch heute hierher zurückkehrt und wieder arbeitet«, keuchte der Bauer.

Da zog die Köchin ein Blatt Papier heraus. Darauf standen schon fix und fertig die vier Forderungen. Unter den vier Forderungen stand:

ICH WERDE DIESE FORDERUNGEN ERFÜLLEN.

»Wenn du das unterschrieben hast, holen wir die anderen«, sagte sie.

»Und keine Gespenster mehr!« knurrte der Bauer.

»Solange du uns gibst, was wir fordern, wird kein Gespenst mehr erscheinen«, sagte der Knecht.

Da unterschrieb der Bauer die Forderungen mit der Feder, die die Köchin aus der guten Stube holte. Ein Fäßchen Tinte brachte sie auch mit.

Kaum stand die Unterschrift des Bauern auf dem Papier, ging der Knecht die anderen Dienstleute holen. Die Köchin aber blieb gleich da und setzte große Töpfe auf.

Noch am selben Abend kehrten alle Dienstleute zurück und gingen wieder an die Arbeit. Die Kühe hörten auf zu brüllen, die Ferkel hörten auf zu quieken, die Pferde beruhigten sich. Todmüde fiel der Bauer ins Bett.

Was die vier Forderungen betraf, so knirschte er anfangs noch oft mit den Zähnen. Aber für eine Ohrfeige, die er einem der Hütebuben gab, entschuldigte er sich, und schließlich wurde aus ihm sogar ein recht anständiger Dienstherr, der sich mit seinen Dienstleuten an den gleichen Tisch setzte, wenn die Köchin zum Essen rief.

Für eine saubere Umwelt

Klasse 4d,
Staatliche Grundschule Pestalozzi, Weimar

Lieber Herr Oberbürgermeister!

Wir danken Ihnen für Ihren Brief. Bei unserer Arbeit „Für eine saubere Umwelt" stört uns immer wieder, daß es so viele Hundebesitzer gibt, die nicht dafür sorgen, daß die kleinen Häufchen von Parkwiesen und Wegen, von Bürgersteigen und Sandkästen verschwinden.
In anderen Städten konnten wir an Parkeingängen solche Tüten entdecken.
Wäre das in unserer Stadt nicht auch möglich?
Vielleicht müßte es auch eine Verordnung dafür geben, damit die nachlässigen Hundefreunde zur Verantwortung gezogen würden.

Wir freuen uns auf eine Antwort von Ihnen.

Mit freundlichen Grüßen!
Die Klasse 4d und Frau Schmitt

Rache mit Ei

ROSWITHA FRÖHLICH

Es war einmal ein Hahn,
der gab entsetzlich an.
Da sprach sein Weib, das Huhn:
»Hör auf, so großzutun!«
Drauf sprach der Hahn voll Güte:
»Schweig, Dummerle, und brüte!«

Das Huhn jedoch, das Huhn,
ließ dieser Fall nicht ruh'n.
Und schon beim nächsten Kikriki,
da flog das erste Ei – und wie! –
dem Gockel voller Lust
an seine stolze Brust.

»Hier hast du deine Eier!«
rief's Huhn. Jetzt fühlt sich's freier.

Ein Vater für den Trödelmarkt

ED FRANCK

Mit einem Seufzer klappt Tim das Buch zu, in dem er gerade gelesen hat. Schöne Geschichten stehen darin. Und was für ein ulkiger Vater da vorkommt. Der wäscht und kocht, bügelt die Wäsche, legt dem Baby eine saubere Windel um, hat Angst vor Spinnen, kann stricken . . .

Tim geht nach unten. Papa sitzt in einem Lehnstuhl und träumt. »Herrlich faulenzen am Wochenende«, nennt er das. Eigentlich ganz praktisch, nicht wahr? Während Mama die normale Hausarbeit macht.

»Papa . . .« beginnt Tim zögernd. »Du könntest doch heute mal Mittagessen machen.«

»Wie? Mittagessen?« Papa schreckt aus seinen Träumen hoch.

»Es ist Samstag. Da essen wir doch immer Pfannkuchen.«

»Gut, dann back du die Pfannkuchen.«

»Ich? Aber wieso denn, Timmie?«

»Viele Männer helfen in der Küche.« Tim läßt nicht locker. »Hab' ich gelesen. Und der Lehrer findet das auch gut. Das ist modern, sagt er.«

»Du hast wieder Einfälle!« Papa schüttelt lachend den Kopf. »Siehst du mich schon den Teig machen? Klümpchen hier, Klümpchen da, und eins in meinem Haar. He, das reimt sich sogar. Und dann das Backen. Den Pfannkuchen mit einem Schwung in die Luft geworfen. Klatsch, neben die Pfanne, das seh' ich schon vor mir. Der Herd wird nach drei Pfannkuchen so dreckig sein wie eine Windel von Anja.«

»Du könntest es doch versuchen, oder?« drängt Tim.

»Junge, du weißt doch, daß ich nur Rührei machen kann und Pizza aus der Tiefkühltruhe. Und außerdem ist das ein Rechenexempel: Ich backe Pfannkuchen, und Mama spart eine halbe Stunde Arbeit. Danach brauchen wir eine geschlagene Stunde, um die Schweinerei zu beseitigen. Verlust: eine halbe Stunde. Verstehst du?«

Tim seufzt. Er hätte nicht gedacht, daß Pfannkuchen-Backen so schwierig ist. Aber jetzt fällt sein Blick auf den Korb mit der Bügelwäsche, der in der Küche steht. »Dann kannst du die Wäsche bügeln«, beschließt er.

»Haha! Das ist ein guter Witz, Timmie! Ich fange gleich an: zuerst die weiße Bluse von Mama. Dann klingelt das Telefon, ich hin. Inzwischen – ksss, ksss – ist in der Bluse ein großes Loch, und Mama spricht eine Woche nicht mehr mit mir. Schöne Stimmung!«

Tim wird langsam böse. Papa soll sich nicht so rausreden. »Du kannst doch *irgend etwas* tun«, sagt er kratzbürstig.

Papa breitet die Arme weit aus. »Ich stehe jedem vernünftigen Vorschlag offen«, sagt er feierlich.

»Hmm . . . stricken, du könntest doch stricken.«

»Ach, Tim«, ruft Papa, »das muß man doch auch lernen! Und so geschickte Finger wie Mama habe ich sowieso nicht. Wenn ich für dich einen Pullover stricke, wird bestimmt der Halsausschnitt so eng, daß dein Kopf nicht hindurchpaßt, und der eine Ärmel kürzer als der andere. Armer Junge, werden die Leute sagen, den Pullover hat er von der Altkleidersammlung.«

Tim hüpft von einem Bein aufs andere. »Du kannst wohl gar nichts!« schreit er. »Du . . . du bist total altmodisch, Papa. Du bist so altmodisch, daß Mama dich auf dem Trödelmarkt verkaufen kann!«

Mama kommt ins Zimmer. »Was ist denn das für ein Krach?« fragt sie.

»Hör mal«, sagt Papa zu ihr. »Ich weiß jetzt, was unser Tim später studieren wird: moderner Vater. Ein Super-Luxus-mach-alles-selbst-Vater. Klasse, was?«

Tim läuft rot an. Er stampft auf den Boden. »Du verstehst gar nichts! Du bist einfach ein . . . ein faules Stück!«

Er rennt die Treppe hinauf und knallt die Zimmertür hinter sich zu. Mit Tränen in den Augen kramt er seine Bücher zusammen, die im Zimmer herumliegen, und schmeißt sie unters Bett.

Geschichten lügen, denkt er, ich lese nie mehr.

Da geht die Tür auf. Mama steckt ihren Kopf durch die Türöffnung. »Deine Schimpfwörter sind nicht besonders schön«, sagt sie. »Aber ein bißchen recht hattest du eigentlich schon. – Ein bißchen.«

NA, SO WAS...

Das artige Kind

WALTHER HOHENESTER

Es war einmal ein sehr artiges Kind. Es trug artige Zöpfe und ein artiges Kleid.

Eines Tages nahm das Kind Farbstifte und Papier, setzte sich in den Garten und begann, ein Haus zu malen.

Zuerst malte es das Dach, mit grasgrünen Dachziegeln und einem gelbblau karierten Kamin.

Kam der Nachbar daher und sagte: »Liebes Kind, Dachziegel sind niemals grasgrün!«

Rief die Nachbarin: »Und einen gelbblau karierten Kamin, den habe ich noch nie gesehen.«

»Du mußt die Ziegel rot und den Kamin weiß anmalen«, erklärten alle beide, »dann ist es richtig!«

Da warf das Kind seine begonnene Malerei in den Papierkorb und fing von neuem an. Die Dachziegel malte es rot und den Kamin weiß, wie es die Nachbarn befohlen hatten.

Als das Kind mit den Dachziegeln und dem Kamin fertig war, malte es die Mauern. Die wurden lila!

Ging der Lehrer vorbei und betrachtete das Bild.

»Aber, aber«, sagte er, »lila Mauern! Man muß die Mauern gelb malen, gelb und nicht anders!«

Das Kind nahm seine Zeichnung und warf sie in den Papierkorb. Dann malte es die Dachziegeln rot und den Kamin weiß und die Mauern gelb. Und malte sich selbst neben das Haus, riesengroß.

Beugte sich der freche Max über das Bild und grinste.

»Seit wann ist ein Kind so groß wie ein Haus?«

Da zerknüllte das Kind sein Bild und schmiß es dem frechen Max zornig ins Gesicht.

Und malte das Bild endlich so, wie es schon von Anfang an werden sollte: mit grasgrünen Dachziegeln und einem gelbblau karierten Kamin. Mit lila Mauern, mit achteckigen Fenstern und einer kugelrunden Tür. Und ließ den Hund aus dem Fenster schauen und eine Katze und sieben Hühner. Und malte sich selbst neben das Haus, mit struppigem Haar und einer hundertmal geflickten Hose. Und so groß, daß es bis an die Wolken reichte.

Aber die Nachbarin und der Nachbar schlugen die Hände über dem Kopf zusammen, und der Lehrer räusperte sich höchst verärgert, und der freche Max erzählte überall herum, was das Kind für ein unmögliches Bild gemalt hatte.

»Ph!« machte das Kind und klebte das Bild über seinem Bett an die Wand. »Ph!«

Trau dich

VOLKER LUDWIG / BIRGER HEYMANN

1. Trau dich! Trau dich! Auch wenn es da - ne-ben geht.
Trau dich! Trau dich! Es ist nie zu spät.
Wer's nicht sel - ber aus-pro-biert, der wird leich-ter an - ge-schmiert.
Trau dich! Trau dich! Dann hast du was ka - piert!

2. Trau dich! Trau dich!
   Auch wenn du erst fünfe bist!
   Trau dich! Trau dich!
   Auch Große machen Mist.
   Glaub nicht alles, was du hörst,
   wenn du sie mit Fragen störst.
   Trau dich! Trau dich!
   Bis du was erfährst.

3. Trau dich! Trau dich!
   Andern geht's genauso schlecht.
   Trau dich! Trau dich!
   Kämpft um euer Recht!
   Tretet füreinander ein,
   dann könnt ihr bald viele sein.
   Trau dich! Trau dich!
   Du bist nicht allein.

Kein Schwein schafft's allein

5

MUT MACHT STARK

Wie ihr mit gemeinsamem Mut dazu beitragen könnt, daß die Welt lebenswert bleibt und alle Menschen ohne Angst in ihr leben können

Matthias

GINA RUCK-PAUQUÈT

Du mußt mir helfen«, sagte Matthias.

»Wobei?« fragte der Vater.

Er schaute vom Aquarium auf.

»Es ist wichtig«, sagte Matthias. »Da ist ein Hund, in der Völkerstraße, ein junger Hund. Der ist dauernd an der Kette.«

»Hm«, sagte der Vater.

»Er leidet«, sagte Matthias. »Hunde sind Lauftiere. Wir müssen was unternehmen«, sagte er.

»Was sollen wir unternehmen?« fragte der Vater.

»Wir könnten ihn klauen«, sagte Matthias.

»Es ist doch klar, daß das verboten ist«, sagte der Vater.

Er krümelte irgendwas ins Aquarium hinein.

»Warum ist es nicht verboten, daß ein Hund so unglücklich ist?« fragte Matthias.

»Hast schon recht«, sagte der Vater. »Aber da kann man nichts machen.«

Zuerst glaubte Matthias nicht, daß das alles war, was sein Vater sagte und tat. Sein Vater war gegen jede Ungerechtigkeit. Er konnte es nicht glauben. Aber sein Vater strich ihm übers Haar und ließ ihn stehen.

Matthias schluckte. Dann zog er seine Jacke an und ging in die Völkerstraße. Der Hund kannte ihn schon und schrie wieder in diesem jämmerlichen, hellen Tonfall. Er war jung. Er wollte laufen und spielen.

»Schade«, sagte Matthias.

Plötzlich stand ein Mann da.

»Willst du was?« fragte er.

»Ich spreche nur mit dem Hund«, sagte Matthias.

Der Mann sah ihn an, begriff wohl nicht.

»Ist es Ihr Hund?« fragte Matthias.

»Ja«, sagte der Mann.

»Er ist immer an der Kette«, sagte Matthias.

»Und?« sagte der Mann.

Matthias fühlte, wie sein Herz gegen die Rippen klopfte.

»Ein Hund braucht Bewegung«, sagte er.

»Ich hab' andere Sorgen«, sagte der Mann.

»Ich würde mit ihm spazierengehen«, sagte Matthias. »Jeden Tag.«

»Er wird abhauen«, sagte der Mann.

»Nein«, sagte Matthias.

Ein wenig später hielt er die Leine in der Hand. Der Hund sprang an ihm hoch.

Er lacht, dachte Matthias. Und er dachte noch etwas. Da konnte man doch was machen, dachte er.

Leute

GÜNTER KUNERT

Kleine Leute, große Leute
gab es gestern, gibt es heute,
wird es sicher immer geben,
über, unter, hinter, neben

dir und mir und ihm und ihr:
Kleine, Große sind wie wir.
Größer als ein Großer kann
aber sein ein kleiner Mann.

Klein und groß sagt gar nichts aus,
sondern nur, was einer draus
für sich selbst und alle macht.
Darum habe darauf acht:

Wer den andern hilft und stützt
und sich nicht nur selber nützt,
hat das richtige Format –
ob ein Zwerg er oder grad

lang wie eine Latte ist
oder einen Meter mißt.
Kleine Leute, große Leute
gab es gestern, gibt es heute.

Befehl ist *nicht* Befehl

ELISABETH ACHTNICH

Während des letzten Krieges hatten deutsche Truppen Dänemark besetzt und damit die Regierungsgewalt übernommen. Alle Befehle, die von der deutschen Truppenleitung ausgegeben wurden, mußten von den Dänen befolgt werden. Auch der dänische König Christian unterstand der Gewalt der Deutschen.

An einem Abend im August 1943 wurde ein schrecklicher Befehl ausgegeben: Alle dänischen Juden sollten sofort einen gelben Davidstern auf ihrer Kleidung tragen. Die Dänen wußten, daß dieser Stern ein Zeichen des Todes war. Sie hatten von der Verfolgung der Juden in Deutschland erfahren und sahen nun ihre dänischen Mitbürger einem gleichen Schicksal entgegengehen.

Später wurde eine Geschichte erzählt, die die damalige Haltung der Dänen deutlich macht:

Als die Menschen an diesem Abend ihre Rundfunk-Empfänger auf den Sender einstellten, der die Nachrichten der Widerstandsbewegung bekanntgab, hörten sie eine Botschaft des Königs:

»Aus seinem Palast in Amalienborg hat König Christian die folgende Antwort gegeben auf den deutschen Befehl, daß alle Juden einen Davidstern tragen müssen: Der König sagt, daß *ein* Däne genauso sei wie der andere. Er wolle selbst den ersten Davidstern tragen und erwarte von jedem gleichgesinnten Dänen dasselbe.«

Als am nächsten Morgen die Bewohner Kopenhagens auf die
Straße gingen, trugen fast alle von ihnen den gelben Stern.
Der gegebene Befehl mußte widerrufen werden, und es gelang
den Dänen, ihre jüdischen Mitbürger heimlich außer Landes,
in das unbesetzte Schweden zu bringen.

Die Kopftuchklasse

INGRID KÖTTER

Beim Fußballrückspiel der Klasse 4a gegen die Klasse 4b, zu dem unser Lokalreporter und Vater eines Schülers der Klasse 4a von einer fußballbegeisterten Lehrerin und ihrem Kollegen eingeladen worden war, kam es zu unerwarteten Schwierigkeiten.

Als der Mannschaftskapitän der Klasse 4a noch eine Mitspielerin auswählen wollte, da nur zehn Jungen in der Klasse sind,

erschienen alle neun Mädchen mit langen Röcken und Kopftüchern am Rande des Spielfeldes. Sie solidarisierten sich auf diese Weise mit ihrer türkischen Mitschülerin Hatice, die trotz großer Eignung vom Mannschaftskapitän »wegen ungeeigneter Spielkleidung« abgelehnt worden war. (Das Mädchen trägt seit einiger Zeit ein Kopftuch.)

Da der Junge auch jetzt nicht bereit war, eine »Kopftuchtussi«, wie er es nannte, als Linksaußen einzusetzen, hätten zehn Jungen der Klasse 4a gegen elf Jungen der 4b spielen müssen. Während einer kurzen Beratung der Spielführer beider Mannschaften weigerten sich zwei Jungen der Klasse 4a, ohne ihre türkische Mitschülerin zu spielen, und stellten sich demonstrativ auf die Seite der kopftuchtragenden Klassenkameradinnen.

Andere folgten ihrem Beispiel. Schließlich standen den elf Spielern der Klasse 4b nur noch fünf der Klasse 4a gegenüber. Da deren Spielführer selbst jetzt nicht bereit war, über seinen Schatten zu springen, und auch die Klassenlehrerin und der Sportlehrer ihn und seine vier Freunde nicht umstimmen konnten, fiel das Fußballspiel trotz strahlenden Sonnenscheins ins Wasser.

Bei der anstelle des Spiels stattfindenden Siegesfeier für die Klasse 4b gab es aus der Sicht des Reporters nur einen Verlierer, den Spielführer der 4a.

Auf dem großen Foto, das der Vater von Sven für die Zeitung gemacht hatte, findet Mama mich sofort. Trotz Kopftuch. »Hier vorne rechts, das bist du«, sagt sie. »Und das ist Hati. Sie lacht dich an. Links neben Sabine stehen Serdal und Sven. Wo sind denn die drei anderen Jungen?«

»Nicht auf dem Foto. Die kamen erst später dazu. So nach und nach. Andy hatte allen Schläge angedroht. Sie mußten sich erst gegenseitig Mut machen.«

»Toll! Einfach toll!« sagt Mama. »Das habt ihr gut gemacht!«

»Meine Enkeltochter mit Kopftuch in der Zeitung!« sagt Oma und schlägt die Hände vors Gesicht. »Wer ist denn auf die verrückte Idee gekommen? Bestimmt eure Lehrerin, was?« Sie sieht Mama an. »Ich glaube, du mußt mal ein ernstes Wort mit dem Rektor reden.«

»Der findet ganz prima, was wir gemacht haben«, sage ich. »Er ist mit dem Schulrat in die Klasse gekommen. Der hatte die Zeitung in der Hand. ›Das sollte Schule machen!‹ hat er gesagt und mir gratuliert.«

Oma stemmt die Fäuste in die Hüften.

»Dir hat er gratuliert? Der Schulrat? Wozu?«

»Zu der ›Klasse-Idee‹. Die war nämlich von mir.«

Mama nimmt mich in den Arm.
»Das hast du gut gemacht.«
Ich schlucke.
»Aber Hati zieht trotzdem weg. Zurück in die Türkei. Mit ihren Eltern, ihrem Bruder und ihrer Schwester. Schon in einem halben Jahr. Ihr Opa . . .«
Ich kann nicht weitersprechen. Ich renne in mein Zimmer, schließe mich dort ein und weine.

Etwas ganz anderes

MANFRED MAI

Endlich ist Johanna mit den Schulaufgaben fertig. Sie geht zu ihrer Freundin Lisa. Aber Lisa ist nicht allein. Melek und Ayshe aus dem Nachbarhaus sitzen mit Lisa im Sandkasten. Im ersten Augenblick ärgert sich Johanna darüber. Schließlich haben sie und Lisa in der Schule abgesprochen, daß sie heute nachmittag zusammen spielen. Von Melek und Ayshe war nicht die Rede. Lisa sieht Johanna und ruft: »Hallo, Johanna! Wir bauen eine Burg mit einem Wassergraben drum herum. Komm, hilf uns!« Johanna setzt sich neben Ayshe und baut mit. Doch die Sandburg stürzt immer wieder ein.

»Wir brauchen mehr Wasser«, sagt Johanna. Sie läuft zum Wasserfaß, kommt mit einer Gießkanne zurück und gießt Wasser über den Sand. Dann patschen und manschen alle vier in dem nassen Sand herum. Eine richtige Burg bringen sie zwar nicht fertig, aber sie haben viel Spaß miteinander. Bis Lisa gerufen wird, weil sie sich für den Klavierunterricht fertigmachen muß.

»Dann spielen wir drei bei mir noch ein bißchen«, schlägt Johanna vor. Melek und Ayshe sind einverstanden.

»Tschüs, Lisa!« rufen sie und gehen zu Johanna.

Zu Hause drückt Johanna auf den Klingelknopf. Kurz danach hören sie die Stimmen ihrer Mutter durch die Sprechanlage: »Wer ist da?« fragt sie.

»Ich«, antwortet Johanna. »Ich habe Melek und Ayshe mitgebracht.«

111

»Wen?«

»Melek und Ayshe.«

»Sind das die beiden Türkenkinder?« möchte die Mutter wissen.

»Ja!« ruft Johanna.

»Und was willst du mit denen hier?«

»Spielen!«

Johanna schaut gebannt auf die Sprechanlage, aber die bleibt stumm.

Dafür geht plötzlich die Tür auf, und Johannas Mutter kommt heraus. »Was ist . . . Johanna! Wie siehst du denn aus?!«

Johanna schaut an sich hinunter.

»Und die beiden sind ja auch so schmutzig.« Johannas Mutter schüttelt den Kopf. »Die kommen mir nicht ins Haus!«

Johanna möchte etwas sagen, aber ihre Mutter ist schneller: »Du kommst jetzt sofort rein und gehst ins Bad!«

»Ich denke, wer schmutzig ist, darf nicht ins Haus«, sagt Johanna. »Schließlich sind Ayshe und Melek nicht mal halb so schmutzig wie ich, und die willst du doch auch nicht reinlassen.«

»Red nicht so dumm daher, das ist etwas ganz anderes!«

»Immer ist es etwas ganz anderes, wenn ich etwas sage«, ruft Johanna wütend. »Du willst doch Ayshe und Melek nur nicht!«

»Schluß jetzt!« sagt die Mutter. »Du kommst jetzt rein, und die beiden verschwinden hier!«

Ayshe und Melek drehen sich um und laufen davon.

»Du bist gemein!« schreit Johanna. Einen Moment zögert sie. Dann läuft sie hinter Ayshe und Melek her.

»Johanna! Komm sofort zurück!«

Aber Johanna denkt nicht daran. Sie bleibt bei ihren Freundinnen.

Mein Freund ist Ausländer

KLASSE 4 b, ERICH-KÄSTNER-SCHULE, GREVENBROICH

Mit unseren Plakaten gegen Ausländerfeindlichkeit gingen wir in verschiedene Geschäfte, um sie dort aufzuhängen. Einige Verkäufer lehnten ohne Begründung ab, andere fanden unsere Poster zu groß. Schließlich haben wir aber alle aufhängen können.

Das Poster »Wir sind Ausländerfreunde« haben wir in einer Bäckerei aufgehängt.

Sechs Tage ging alles gut, aber am siebten Tag erhielt die Familie des Bäckers einen anonymen Brief:

»Bäckerei H.!!

Ist die Hysterie der Volksverdummung nun schon bis Orken vorgedrungen???

Was soll das deutschfeindliche Plakat in Ihrem Schaufenster?????

Merken die Deutschen überhaupt nicht, wie der Haß auf alles Deutsche geschürt wird???«

Der Brief wurde der Mutter des Schülers, der das Plakat aufgehängt hatte, gegeben. Ihr Sohn brachte ihn am nächsten Morgen mit in die Schule.

Wir haben im Unterricht dann lange darüber gesprochen. Die ganze 4. Klasse war sich einig: Der Briefschreiber hat Blödsinn geschrieben!

Jedes Kind bekam eine Fotokopie des Briefes mit nach Hause, um mit den Eltern darüber zu diskutieren.

Lied vom Mutmachen

FREDRIK VAHLE

Text und Melodie: FREDRIK VAHLE

1. Da war ein Pief-ke aus Pa-der-born, der ließ sich nix ge-fal-len. Er sag-te: »Eins und eins ist zwei, wenn Ka-rin kommt, sind wir schon drei.« So mach-te er auch an-dern

1. 2. 3. 4. Strophe instrumental

Pfiff

Mut.

Trommel

letzte Strophe

Mut. So mach-ten sie auch an-dern Mut, und das war gut!

2. Ein Mädchen hatte einen Freund,
   der wollte nur befehlen.
   Sie sagte: »Tschüs, mein lieber Klaus,
   ich bin nicht deine Aufziehmaus.«
   So machte sie
   auch andern Mut.

3. Da stand ein Haus in Westberlin,
   das war fast am Zerfallen.
   Da zogen zwanzig Leute rein
   und setzten Fensterscheiben ein.
   So machten sie
   auch andern Mut.

4. 'ne junge Frau, die war sehr schön,
   die sollte Schlager singen
   und sollte wackeln mit dem Po!
   Sie sprach: »Ihr könnt mich sowieso!«
   So machte sie
   auch andern Mut.

5. Da war ein Wald, der sollte weg
   für ein Raketenlager.
   Die Leute schützten Baum für Baum,
   so war es schwer, einen umzuhaun.
   So machten sie
   auch andern Mut!
   Und das war gut!

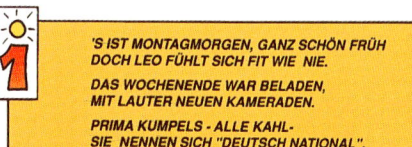

'S IST MONTAGMORGEN, GANZ SCHÖN FRÜH
DOCH LEO FÜHLT SICH FIT WIE NIE.

DAS WOCHENENDE WAR BELADEN,
MIT LAUTER NEUEN KAMERADEN.

PRIMA KUMPELS - ALLE KAHL -
SIE NENNEN SICH "DEUTSCH NATIONAL".

GECAMPT, GEBLÖDELT UND GESOFFEN
UND LAUTER TOLLE JUNGS GETROFFEN.

DA KOMMT AUCH SUNJE ASKOHULE,
SIE HAT DEN GLEICHEN WEG ZUR SCHULE.

DIE ELTERN SIND AUS KUTRAHA
UND SIND SCHON VIELE JAHRE DA.

DER LEO SCHWÄRMT VON SEINEN TATEN
MIT ALL DEN NEUEN KAMERADEN.

ER SPRICHT VOM NEUBEGINN, GANZ TOLL
UND DASS SICH ALLES ÄNDERN SOLL.

VON BLUT UND EHRE , WIRD GANZ HEKTISCH,
DOCH SUNJE BLEIBT DA EHER SKEPTISCH.

LEO MAG DIE SUNJE SEHR
UND LÄUFT IHR DESHALB HINTERHER.

NUR SEINE KUMPELS IN DER FERNE
DIE SEHEN SO ETWAS NICHT GERNE.

DIE MÖGEN KEINE KUTRAHAHNEN,
UND SCHWENKEN IHRE EIG'NEN FAHNEN.

DIE KAHLEN KERLE SIND SCHLECHT DRAUF
UND NEHMEN DIE VERFOLGUNG AUF.

DASS FREUNDSCHAFT AUCH GANZ ANDERS GEHT
SEHT IHR IM BILD, DAS OBEN STEHT.

GEWALT GEGEN FREMDE - EIN KLARES NEIN!
DEM HASS KEINE CHANCE. IHR SEID NICHT ALLEIN!

Klaus Wilinski

115

Der Leserbrief

ROSEMARIE PORTMANN

In unser Nachbarhaus sind Fremde eingezogen.

Es sind zwei Männer, fünf Frauen und sieben Kinder. Die Frauen haben lange, weite Röcke an. Ihre Haare sind schwarz und kräuselig und hinten zu einem Knoten zusammengebunden. Selbst die kleinen Mädchen tragen Schlamperröcke und keine Jeans wie ich. So viele Leute haben noch nie im Nachbarhaus gewohnt. »Asylanten sind das«, hat mein Opa gesagt. »Es ist eine Schande, daß die hier einquartiert werden. «Das Haus ist viel zu klein. Und besonders hygienisch ist es auch nicht, denn für vierzehn Personen gibt es nur eine Badewanne und zwei Klos.«

»So wie die Leute aussehen«, hat Opa noch gesagt, »kommen die bestimmt vom Land. Die können sich in so einer Wohngegend gar nicht wohl fühlen. Wenn man Gehör finden will, muß man es öffentlich machen.«

Am nächsten Tag hat er einen Brief an unsere Zeitung geschrieben. Nicht daß er etwas gegen Asylanten habe, aber diese Leute sollten besser bei ihresgleichen untergebracht werden . . .

Eines von den Mädchen aus dem Nachbarhaus geht in meine Klasse. Noch können wir nicht viel mit ihr reden, wir sprechen nicht ihre Sprache, und sie spricht unsere nicht.

Aber sie kennt dieselben Spiele wie wir und ein paar neue dazu.

Obwohl sie im Nachbarhaus eine Badewanne mit dreizehn anderen Leuten teilen muß, ist sie immer sauber.

Wenn sie morgens zur Schule geht, winkt sie ihrer Mutter zum Abschied, genau wie ich.

Wenn sie sich beim Spielen weh tut, weint sie, und wenn die Lehrerin sie lobt, freut sie sich, genau wie ich.

Mittags muß sie sogar pünktlicher zu Hause sein als ich. Ihre Mutter hat Angst, daß ihr etwas passiert. Denn wo sie herkommen, ist Krieg. Sie mußten fliehen, um am Leben zu bleiben.

Meinem Opa habe ich das alles erzählt.

Damit das noch mehr Leute erfahren, hat meine Klasse auch einen Leserbrief an unsere Zeitung geschrieben. Gestern war deshalb eine Frau von der Zeitung bei uns in der Schule und hat ein Foto von uns gemacht. Von meinem Opa wollte sie kein Foto, obwohl der doch zuerst einen Leserbrief geschrieben hat.

Wutanfall

ANDREAS RÖCKENER

Quax, der schaut sich dann und wann
die Fische unter Wasser an.

Doch statt Forelle, Karpfen, Hecht
sieht er nur Müll. Ihm wird ganz schlecht.
Jemand kippt grad sein Gerümpel
mitten in den schönen Tümpel!

Quax ruft wütend: »Dummes Stück!«
und wirft den Müll direkt zurück!

Der kleine grüne Drache

URSULA FUCHS

Am Nachmittag schellt es. Der kleine Drache rennt zur Tür.
Stefanie ist da und hat einen Ball unterm Arm. Der ist so bunt
wie ein Regenbogen.
»Du hast aber einen sönen Ball«, sagt der kleine Drache.
»Den hat mir mein Onkel mitgebracht. Ich will mit dir und
Morris spielen.«

Stefanie läßt den Ball auf und ab hüpfen. »Das können wir aber nos nist«, sagt der kleine Drache.

»Wieso? Hat Morris seine Schularbeiten noch nicht fertig?« fragt Stefanie.

»Dos, die Schularbeiten sind son lange fertig«, sagt der kleine Drache. »Aber Morris ist nist da. Er bringt nämlis Pfandflasen weg. Wir räumen grade unsere Abstellkammer auf.«

»Dauert das noch lange?« fragt Stefanie.

»Sehr lange«, stöhnt der kleine Drache. »Hinterher müssen wir nämlis aus nos die Wegwerfflasen wegsaffen und das alte Papier.«

Stefanie weiß doch, wo die Container stehen.

»Ja, an der Waldstraße Ecke Tannenallee, das ist gar nicht weit«, sagt Stefanie. »Da seid ihr doch schnell wieder da.«

»Das stimmt aber nist«, sagt der kleine Drache. Sie wollen auch noch einkaufen. Großmutter hat am Samstag Geburtstag. »Da will sie ganz viele Kusen backen, weil wir so viel Besus bekommen.«

»Dann habt ihr ja überhaupt keine Zeit zum Spielen.« Stefanie springt mit ihrem Ball die Treppe runter. »Ein Glück, daß meine Großmutter keinen Geburtstag hat.«

»Du kannst ja später nos mal vorbeisauen!« ruft der kleine Drache. »Vielleist können wir dann zusammen Ball spielen.«

»Später will ich nicht«, ruft Stefanie. »Dann spiel' ich mit Bärbel und Jens.«

Da ärgert sich der kleine Drache, weil er so gern mit Stefanie und dem neuen Ball in den Park möchte.

Zum Glück ärgert er sich nur ein bißchen. Darum qualmt er auch nur winzige Qualmwölkchen. Die sind leicht und fliegen bis unter die Decke.

»Komm, kleiner Drache, halt mir mal den Rucksack auf!« ruft

Großmutter aus der Kammer plötzlich. »Da will ich das alte Papier reinstopfen.«

Den Rucksack schnallt sich der kleine Drache später auf den Rücken und schleppt ihn zum Container in der Waldstraße. Morris und Großmutter tragen die Taschen mit den Wegwerfflaschen.

»Ist Papier aber swer«, stöhnt der kleine Drache. »Großmutter, du hast viel zu viele Tüten, Sasteln und Kästen gesammelt. Nästens bringen wir das Papier jede Wose weg. Dann ist es nist soviel auf einmal.«

»Du, kleiner Drache«, sagt Morris. »Ich hab' vorgestern eine ganze Tasche voll zum Container getragen. Das hast du gar nicht gemerkt.«

»Ehrlis? Wo kommen denn die alten Sasteln und Tüten alle her?« sagt der kleine Drache.

»Das wirst du schon sehen, wenn wir gleich bei Korenberg einkaufen«, sagt Großmutter.

Korenberg ist der Lebensmittelladen an der Ecke. Der kleine Drache mag das Geschäft, weil es da so gut riecht. Außerdem mag er Frau Korenberg. Sie ist immer sehr freundlich. Aber heute ärgert er sich über Frau Korenberg.

Großmutter kauft bei ihr in der Käseabteilung ein halbes Pfund Schweizer Käse. Den Käse packt Frau Korenberg zuerst in durchsichtiges Papier, dann in festes Papier, und zuletzt steckt sie ihn in eine Tüte.

»Oh«, sagt der kleine Drache. »Wieso packen sie denn den Sweizer Käse dreimal ein? Vielleist, damit wir die Löser nist sehn?«

»Die Kunden wünschen das so!« Frau Korenberg reicht Großmutter die Käsetüte.

»Wir wünsen das aber nist!« Der kleine Drache ärgert sich über

den dreimal eingepackten Käse. Aus seinen Nasenlöchern qualmt es verdächtig.

»Kleiner Drache, du darfst hier nicht qualmen«, sagt Morris.

Und Großmutter sagt, daß er besser verschwindet und draußen wartet.

»Ja, ja, is verswind ja son!« Der kleine Drache dreht sich um und stapft aus dem Laden.

Aber als Großmutter und Morris mit dem Einkaufswagen an der Kasse stehen, ist er wieder da. »Was habt ihr denn da alles eingekauft? Das sind ja wieder so viele Sasteln, Tüten und Kästen.«

»Ich hab' aber nur mitgenommen, was auf dem Einkaufszettel

stand.« Großmutter zeigt dem kleinen Drachen ihren Zettel.
»Da steht dos nur eine Dose Mils drauf. Wieso hast denn gleis
drei gekauft?«

»Weil es keine einzelnen Dosen gibt«, sagt Morris. »Großmutter hat sich auch schon geärgert. Es sind immer drei Dosen
zusammen in Plastikfolie eingepackt.«

»Aus nos in Plastikfolie, wo die dos der slimmste Müll ist. Und
die Bananen sind aus in Plastik eingepackt!«

Der kleine Drache reißt die Folie von den Bananen und von der
Dosenmilch und wirft sie der Verkäuferin auf die Kasse. »Sei
nicht so frech«, schimpft die Verkäuferin.

»Is will aber fres sein. Und is werde nos viel freser werden.«

Er packt den Käse aus der Tüte, die Semmelknödel, die Nudeln, die Pizza aus den Schachteln und die Zahnpasta und das Tomatenmark aus den Kästchen.

»Ist er verrückt geworden?« regt sich die Verkäuferin auf.

»Ich glaub' nicht«, sagt Großmutter. »Das mit den Dosen, Kästchen, Schachteln und Tüten, das ist verrückt.«

»Was soll ich denn mit dem ganzen Papierkram machen? Dafür gibt's doch extra Sammelkörbe am Ausgang.« Die Verkäuferin zeigt zur Tür. »Ich kann doch auch nichts dafür, daß alles so verpackt wird.«

»Du kannst nist dafür, und is kann nist dafür. Aber du sollst dis wenigstens genauso darüber ärgern wie is. Und besweren sollst du dis aus über die dumme Verpackung. Dann wird sis aus was ändern.«

»Vielleicht!« sagt die Verkäuferin.

»Nist vielleist, ganz bestimmt«, sagt der kleine grüne Drache.

Quellenverzeichnis

Achtnich Elisabeth, *Befehl ist nicht Befehl*, aus: Musall (Hrsg.), »Ich will dir vom Frieden erzählen«. © Burckhardthaus-Laetare Verlag, Offenbach 1982.

Baumann Hans, *Am Graben*, aus: Herbert Ossowski (Hrsg.), »Lies mir doch was vor«. © Deutscher Taschenbuchverlag, München 1986.

Bolliger Max, *Was uns Angst macht/Was uns die Angst nimmt*, aus: Hans Joachim Gelberg (Hrsg.), »Die Stadt der Kinder«. © Georg Bitter Verlag, Recklinghausen 1969.

Brender Irmela, *Julias anderer Tag*, aus: dies., »Julias anderer Tag«. © Arena Verlag GmbH, Würzburg 1988.

Ende Michael, *Beppo Straßenkehrer*, aus: ders., »Momo«. © K. Thienemanns Verlag, Stuttgart – Wien.

Franck Ed, *Ein Vater für den Trödelmarkt*, aus: ders., »Tim Supermann«. © Arena Verlag GmbH, Würzburg 1993.

Fried Erich, *Angst und Zweifel*, aus: ders., »Gegengift«. © Verlag Klaus Wagenbach, Berlin 1974.

Fröhlich Roswitha, *Rache mit Ei*. © Roswitha Fröhlich.

Fröhlich Roswitha, *Wenn ich Angst habe*. © Roswitha Fröhlich.

Fuchs Ursula, *Der kleine grüne Drache*, aus: dies., »Der kleine grüne Drache«. © Anrich Verlag GmbH, Kevelaer 1985.

Fuchs Ursula, *So stachelig wie ein Kaktus*. © Ursula Fuchs.

Fühmann Franz, *Lob des Ungehorsams*, aus: ders., »Gedichte und Nachdichtungen«. © Hinstorff Verlag, Rostock 1978.

Hoffmann Klaus W., *Das Lied vom Anderssein*, aus: ders., »Wenn der Elefant in die Disco geht«. © Ravensburger Buchverlag Otto Maier GmbH, Ravensburg.

Hoffmann Klaus W., *Peter und Ayse*. © AKTIVE MUSIK Verlags GmbH, Dortmund.

Hohenester Walther, *Das artige Kind*, aus: ders., »Das sagte der Mond gute Nacht«. © Lentz Verlag in der FA Herbig Verlagsbuchhandlung GmbH, München.

Hohenester Walther, *Der kleine Riese*, aus: ders., »Da ging der Mond nach Hause«. © Lentz Verlag in der FA Herbig Verlagsbuchhandlung GmbH, München.

Hohmann Rainer, *Trotzdem*, aus: Rolf Krenzer (Hrsg.), »Wir könnten Freunde sein«. © Edition Kemper im Verlag Ernst Kaufmann, Lahr 1990.

Kilian Susanne, *Heute ist wieder Kaffeeklatsch*, aus: Günther Stiller/Susanne Kilian, »Nein-Buch für Kinder – Hinterher ist man schlauer«. © Beltz & Gelberg, Weinheim 1972.

KNISTER, *Bangemachen gilt nicht*. © KNISTER.

KNISTER, *Angst geh weg!*, aus: dies., »Frühling, Spiele, Herbst und Lieder«. © Ravensburger Buchverlag Otto Maier GmbH, Ravensburg 1981.

Kötter Ingrid, *Die Kopftuchklasse*, aus: dies., »Die Kopftuchklasse«. © Arena Verlag GmbH, Würzburg 1989.

Kunert Günter, *Leute*, aus: ders., »Ich – Du – Er – Sie – Es«. © Ravensburger Buchverlag Otto Maier GmbH, Ravensburg.

Ludwig Volker, Heymann Birger, *Trau dich!*, aus: »Das Grips-Liederbuch«. © Verlag Heinrich Ellermann, München.

Mai Manfred, *Etwas ganz anderes*. © Manfred Mai.

Olbrich Hiltraud, *Eins zu null für Bert*. © Hiltraud Olbrich.

Pausewang Gudrun, *Es muß was geschehen*. © Gudrun Pausewang.

Portmann Rosemarie, *Der Leserbrief*. © Rosemarie Portmann.

Preuß Gunter, *Der Sprung*. © Gunter Preuß.

Richter Jutta, Edelkötter Ludger, *Klaus Teddys Mutmachlied*, aus: Ludger Edelkötter, »Der Sommer schmeckt wie Himbeereis«. © Impulse-Musikverlag, Drensteinfurt 1990.

Röckener Andreas, *Der Trick*. © Andreas Röckener.

Röckener Andreas, *Die Gans und der Hase*. © Andreas Röckener.

Röckener Andreas, *Wutanfall*. © Andreas Röckener.

Ruck-Pauquèt Gina, *Der Löwe, der Mäuschen hieß*. © Gina Ruck-Pauquèt.

Ruck-Pauquèt Gina, *Matthias*. © Gina Ruck-Pauquèt.

Stempel Hans, Martin Ripkens, *Natürlich kannst du radfahren!*, aus: dies., »Auch Kinder haben Geheimnisse«. © Verlag Heinrich Ellermann, München.

Stiemert Elisabeth, *Von dem Jungen, vor dem alle Angst hatten*, aus: Elisabeth Stiemert (Hrsg.), »Die Sammelsuse«. © Gerstenberg Verlag, Hildesheim 1984.

Vahle Fredrik, *Der Umzug*. © AKTIVE MUSIK Verlags GmbH, Dortmund.

Vahle Fredrik, *Lied vom Mutmachen*. © AKTIVE MUSIK Verlags GmbH, Dortmund.

Verroen Dolf, *Zusammen*, aus: ders., »King und die tolle Jule«. © Herold Verlag, Fellbach 1989.

Wilinski Klaus, *Leos neue Kumpels*. © Atelier Klaus Wilinski.

Wolf Winfried, *Der schreckliche Hund*. © Winfried Wolf.

Wölfel Ursula, *Der Nachtvogel*, aus: dies., »Die grauen und die grünen Felder«. © Anrich Verlag, Kevelaer.

Wölfel Ursula, *Die Geschichte vom Vater, der die Wand hoch ging*, aus: dies., »Neunundzwanzig verrückte Geschichten«. © K. Thienemanns Verlag, Stuttgart – Wien.

Zeuch Christa, *Isabel spricht nicht mehr mit mir*. © Christa Zeuch.

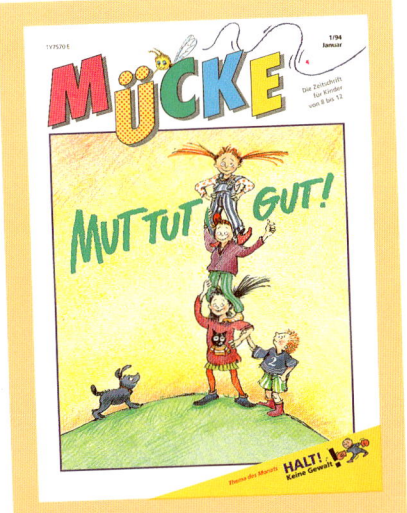

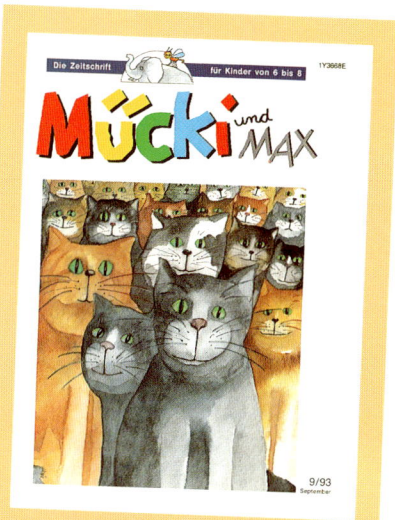

Die Deutsche Bibliothek – CIP-Einheitsaufnahme

Mut tut gut:
Geschichten, Lieder und Gedichte
vom Muthaben und Mutmachen / Mücke.
Hrsg. von Rosemarie Portmann.
Mit vielen farbigen Bildern von Dagmar Geisler.
– 2. Aufl. – Würzburg: Arena, 1996
ISBN 3-401-04497-4

———————————

2. Auflage 1996
© 1994 by Arena Verlag GmbH, Würzburg
Alle Rechte vorbehalten
Herausgegeben von Rosemarie Portmann
in Zusammenarbeit mit der »Mücke«-Redaktion,
Universum-Verlagsanstalt, Wiesbaden
Einband und Innenillustrationen: Dagmar Geisler
Gesamtherstellung: Westermann Druck Zwickau GmbH
ISBN 3-401-04497-4